박효정 작가의 세상을 향한 작은 메시지

시간아 부탁해

초판·펴낸날 | 2014년 7월 28일

지은이 | 박효정
펴낸이 | 윤송석
편　집 | 차영미

펴낸곳 | 서정문학
주　소 | 서울시 성동구 천호대로 366(용답동, 미라보타워 911호)
전　화 | 02-720-3266　　FAX | 　0505-115-3266
홈페이지 | http://cafe.daum.net/seojungmunhak.com
이 메 일 | sjmh11@hanmail.net
등　록 | 2007. 12. 18 제2012-000061호

2014 ⓒ 박효정
ISBN 978-89-94807-36-2 03810
정가 10,000원

* 이 책의 판권은 지은이와 서정문학에 있습니다.
* 잘못된 책은 교환해 드립니다.

박효정 작가의 세상을 향한 작은 메시지

시간아 부탁해

마음의 비타민
내일은 해가 뜬다
건강한
사랑하니까
당신이 걷는 길
반전의 매력

박효정 지음

머리말

유난히도 맑고 기분 좋은 하루의 시작.
처음부터 책을 쓰려고 계획했던 건 아니었지만
하루하루 마음속에서 꺼낸 생각을
기록하고 간직해왔던 조각들을
하나, 둘 모아 책을 완성하게 되었다.
첫 번째 책은 '씽킹컵'이라는 제목으로
8명의 작가가 공저로 내게 되었는데
나의 마음을 모두 표현하는 데 있어서
아쉬움이 남았고 목마름을 채워주지 못했다.
이후 나만의 책을 꿈꾸게 되었고
그동안 간직해두었던 글들을 모아
이렇게 책을 출판하게 되었다.
나의 닉네임은 '지혜의 구슬'이다.
동화 속 마법사가 마법을 부리기 위해 사용하는
커다란 유리구슬을 연상하기 쉬운데 그 커다란
구슬은 어릴 적 내게 꼭 필요했던 요술구슬이었다.
험한 세상을 살아가기 위해 내겐 지혜가 필요했고
그러하기에 희망을 담아 '지혜의 구슬'이라는
닉네임을 사용하게 된 것이다.
한없이 부족한 글들이지만 하나하나의 글이
박효정의 삶을 녹여낸 연단의 글들이기에

용기를 내어 세상에 꺼내놓았다.
모든 책은 맨 앞에서부터 순서대로 읽어야 하지만
이 책은 어디든 펴서 편안히 읽을 수 있는
조각 글이고 두께가 두껍고 딱딱하면서
어려운 내용보다는 쉽게 읽으면서도
편안함과 따뜻함을 느낄 수 있는 글이다.
하나의 바람이 있다면 좋은 음악과 영화를
보고 또 보는 것처럼 이 책도 언제 어디서나
부담없이 꺼내볼 수 있는 책으로
평생 함께하길 바란다.
나의 지금 나이에 하늘나라로 가신 보고픈 엄마께,
그 허전한 빈 자리를 사랑으로 가득 채워주시는
외할머님과 이모님께 이 책을 바치고 싶다.
늘 언제나 든든히 함께해주시고 축복해주시는
하나님께 감사를 드리며 책을 집필하는 동안
도움을 주시고 곁에서 응원해주신
소중한 나의 사람들, 존재함만으로도
활력소가 되어주는 나의 사랑하는 사람들에게
깊은 감사의 뜻을 전한다.

- 지혜의 구슬 박효정 작가 -

목차

머리말	4

chapter 1 행복의 충전시간

어른들의 착각	12
남이 내게 주는 큰 훈장	15
첫인상의 배신	18
마음의 비타민	22
시간에게 부탁하세요	26
인간 관계가 힘들 때	28
과거의 추억에 감사하세요	29
'나 전달 방법'을 알고 계신가요?	33
행복을 충전하세요	37
반전의 매력	39
주문을 걸어요	42
건강한 수다	44
운전기사와 선입견	46

비 오는 날 세차하기	48
한 번, 두 번, 세 번	51
두 번째 이름이 필요한 이유	53
권력을 주신 분의 뜻과 계획	55
지금 업그레이드 중입니다	57

chapter 2 사랑하니까

세상에서 가장 큰 선물	62
진짜 인연을 찾아가세요	64
사랑하니까…	65
당신만은 언제나	67
너라서 사랑해	70
외면하고 싶은 그곳	73
내일은 해가 뜬다	75
이기적인 색안경	79
그 집 강아지와 내 집 아이	81

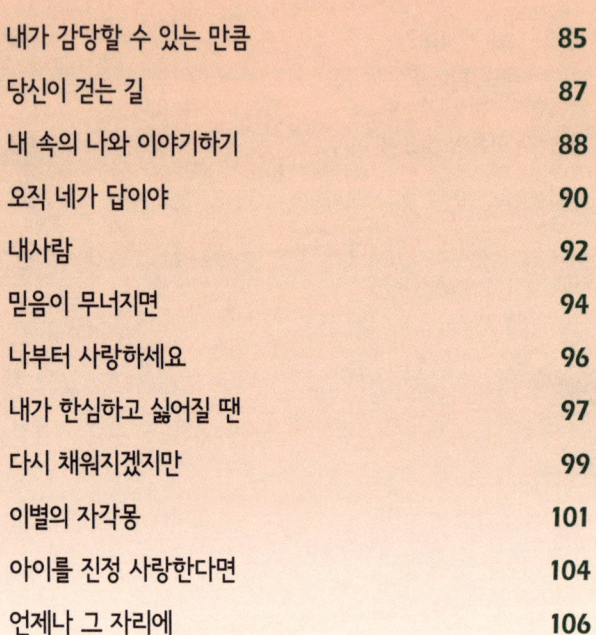

내가 감당할 수 있는 만큼	85
당신이 걷는 길	87
내 속의 나와 이야기하기	88
오직 네가 답이야	90
내사람	92
믿음이 무너지면	94
나부터 사랑하세요	96
내가 한심하고 싫어질 땐	97
다시 채워지겠지만	99
이별의 자각몽	101
아이를 진정 사랑한다면	104
언제나 그 자리에	106

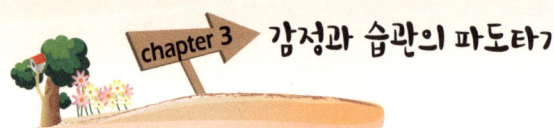 chapter 3 　감정과 습관의 파도타기

너는 가끔씩 나를 찾아와	110
기다려주세요	112
감정의 파도타기	113

신비로운 눈	**114**
물 속에 가라앉은 답	**116**
오해하지 마세요	**119**
눈물은 언제나 내 곁에	**122**
친절도 과하면 병이다?	**124**
우리의 삶은 선택의 연속입니다	**127**
이제 마침표를	**128**
한마디의 말	**129**
겸손으로 누르기	**131**
척하고 척하며 척하는 인생	**132**
과한 사명감과 오래된 습관	**136**
홀로서지 못한 이의 보풀같은 감정	**139**
공감 습관	**141**
책임질 수 있는 만큼 고집부리기	**143**
진심없는 대화	**145**
실수투성이의 세상 살아가기	**147**
믿고 맡깁니다	**149**
선택과 책임	**151**

행복의 충전시간 chapter 1

어른들의 착각

며칠 전 어느 어린이집을 방문하게 되었다.
현관부터 아기자기하게 꾸며진 원에 발을 딛고
들어가는 순간, 내 가슴은 설레기 시작했다.

어느 원을 가든 그곳엔 낯선 사람인데도 불구하고
언제나 밝게 반겨주는 아이들이 있다.

낯선 사람을 경계하며 쉽게 다가가지 않는 어른들과 달리
아이들은 먼저 말을 건네며 관심을 보인다.

이런 아이들의 순수한 마음을 이용해 납치, 성폭력 범죄,
아동학대 등 인간 이하의 행동을 하는 어른들로 인해
성교육, 안전교육에 중점을 두고 있는 현실이
안타깝고 씁쓸할 뿐이다.

어른들은 아이들이 항상 힘이 없고 약한 존재라서 자신들이
많은 것을 베풀고 있다고 생각하지만 그건 큰 착각이다.

어른들이 무심코 지나치고 있기 때문에 모르는 것뿐.
아이들은 세상이 우리에게 절대 줄 수 없는 무한 에너지와
해피바이러스를 가지고 있는 존재이며 세상에 찌든 우리의
마음을 깨끗하게 정화해주기도 한다.

아이들의 맑은 눈망울을 마주보며 이야기를 나누고
즐겁게 아이들과 함께하는 시간에 집중하다 보면
안 좋았던 감정들이 신기하게도 물거품처럼 사라지게 된다.
복잡하던 마음과 생각들이 바뀌게 되고 다시 일어날 수 있는
힘이 생기는 것을 느낄 수 있다.

그래서 나는 힘들 땐 좀 더 일찍 출근을 했었고
내 힘의 원동력이 되어 주는 아이들이 고맙고 소중했다.
모든 아이들은 나에게 활력소와 같은 존재이기에
어느 원을 방문하든 설레고 행복해지는 것이다.

어느 원에서 나와 이름이 똑같은 여자아이가 있어서
반가운 마음에 "효정아!" 하며 불렀다.
실외활동을 나가려고 줄 서 있던 6세 남자아이가
옆에서 지켜보더니
"쟤 이름이 효정이에요?
"응. 선생님이랑 이름이 똑같아."
"그럼…, 선생님도 어렸을 때 저렇게 생겼어요?"
하며 궁금한 듯 묻는 게 아닌가….
똑같은 이름이라서 당연히 같은 얼굴일 거라고
생각하는 순수하고 귀여운 질문이다.

너무도 진지하게 궁금해하는 아이의 표정이 사랑스러웠고
그 순수한 에너지를 가슴에 듬뿍 담을 수 있었다.

아이들은 그 무엇과도 비교할 수 없는 것을 아낌없이
주고 있지만 우리는 그것을 발견하지 못한 채
오히려 아이들에게 많은 것을 주고 있다고
착각하며 살고 있다.

이런 착각에서 벗어나기 위해서 아이들을
자기의 소유물이라 생각하기보다
하나의 인격체로 존중하며 더욱 아이들의
이야기에 귀를 기울여야 할 것이다.

아이들의 맑은 선물을 받고 싶다면
충분히 귀 기울이고 충분히 집중하자.

남이 내게 주는 큰 훈장

어느 어린이집에 면접을 보러 갔습니다.
거의 한 시간 이상 원장, 부원장님께서 번갈아가며
질문을 하시더군요.

제게 했던 질문 중 하나.
"선생님은 어떤 원장님과 함께 일하고 싶으신가요?"
"저는 존경할 수 있는 원장님이셨으면 좋겠습니다."
망설이고, 생각할 것도 없이 자신있게 말했던 기억이 납니다.

존경은 남의 인격, 사상, 행위를 받들어
공경한다는 뜻이지요.
그러면 존경할 수 있는 사람은 어떤 사람일까요?

많은 사람이 따르는 사람.
항상 당당하고 자신감 있는 사람.
뜨거운 열정이 있는 사람.
많은 지식을 가진 사람.
돈을 값지게 쓸 줄 아는 사람.
자신에게 만족하며 사랑할 줄 아는 사람.
어디서든 자신의 존재를 빛내는 사람.
자신보다 남을 더 배려할 줄 아는 사람.
사랑을 나누며 행복을 느끼는 사람…

저마다 자신이 존경하는 사람의 기준은 모두 다릅니다.
존경하는 사람이 평범한 아줌마일 수도 있고,
옆집 아저씨이거나, 나보다 한참 어린 후배가
될 수도 있지요.

존경의 기준은 바로 자신이 만드는 것이기 때문입니다.
존경은 사람 자체, 내면에서 우러나오는 것이 아닐까요?
사람이 가지고 있는 돈과 명예, 권력보다는
그 사람의 열정과 지혜, 사랑, 긍정, 따뜻함…
마음으로 느껴지는 것들을 존경해야 합니다.

한 사람을 존경의 대상으로 정하기보다는 내가 만나는
사람들의 장점, 매력들을 하나, 하나 모아
나만의 존경 대상을 가상으로 만들어보는 겁니다.

존경의 대상을 정하게 되면 전체를 보고
존경하던 마음이 부분을 자세히 보고 실망할 수 있지요.
전체보다는 부분을 보고 존경할 수 있는 것을
하나씩 모아보세요.
존경의 대상이 언제 완성될지는 모르지만
시간이 흐를수록 점점 더 멋있고,
매력적인 모습으로 변하겠죠?

존경의 대상이 존재해야만 나의 발전 가능성을
기대할 수 있고 나도 다른 사람의 존경의 대상이
될 수 있습니다.

존경은 남이 나에게 줄 수 있는 가장 큰 훈장이지요.
존경스러운 부모,
존경스러운 스승,
존경스러운 리더가 될 수 있도록
끝없이 노력해야겠습니다.

첫인상의 배신

'저 사람은 착해 보여.'
'지적일 것 같아'
'인상이 좋네'
말 한마디 나눠보지도 않은 채 첫인상이 좋고 나쁘고의
선입견으로 사람을 판단합니다.

상대와 눈을 마주치며 소통한 후에
또는 여러 번의 만남 후에
첫인상이 딱 들어맞을 수도 있고,
첫인상의 배신을 느낄 때도 있습니다.

첫인상이 '좋다', '나쁘다'가 단 3초 안에 결정되는
이 세상이기에 모두들 자신만의 이미지를 만들기 위해
옷을 깔끔하고, 단정하게 잘 차려입고,
밝은 얼굴과 표정, 예쁜 미소를 만들고,
대화할 때 상대방 말에 경청하며 공감해주고,
내게 잘 어울리는 색을 찾아 코디하고…
이미지메이킹에서 빠질 수 없는 부분들을
익히고, 노력하고 있는 게 현실이지요.

하지만, 외적인 이미지메이킹이 강조되기 쉬워
가식적인 이미지가 만들어질 수 있습니다.

단정하고 친절한 이미지의 교사가 짜증섞인 목소리로
아이와 상호작용을 한다면?

지적인 이미지의 교수가 오로지 자신의 의견만 내세우는
고집불통이라면?

누가 봐도 선한 얼굴의 사람이 남을 이용하여
수입을 만든다면?

자상해 보이고 따뜻한 이미지의 엄마가 아이를 무시하고
폭력을 휘두른다면?

밝은 미소와 목소리로 고객에게 친절하게 응대하는 직원이
여기저기 다니며 고객을 험담한다면?

청순하고 아름다운 이미지의 여성이 입에서
경악할 정도의 욕들이 쏟아져 나온다면?

남에게 보이기 위한 외적 이미지에만 치중한다면
결국은 상대에게 첫인상의 배신감을 안겨주게 되지요.

외적 이미지와 함께 내적 이미지가 균형을 이루어야만

성공적이고 이상적인 이미지메이킹이 되는 것입니다.

어떤 사람이 선물을 받았습니다.
매우 예쁘고, 정성스럽게 포장한 선물이었습니다.
뜯어보니 made in korea가 아닌 china이더군요.
그래서 포장상자는 보관하고 내용물은 버렸습니다.

자! 그럼 반대로 생각해보세요.

허름한 포장이라 기대하지 않았는데 뜯어보니
내용물이 아름답고 값진 거라면 그 기쁨은 배가 되겠죠?

사람들은 예쁜 포장에 관심을 보이고
속의 내용물도 당연히 좋을 거라 생각하지만
예쁘게, 화려하게 포장한다고 해서 그 내용물,
본질까지 변하는 건 아닙니다.

본질이 아름답다면 그 어떤
포장이 없어도 빛날 것입니다.
마찬가지로 내적 이미지,
우리의 본질이 먼저 기본이 되고,
바탕이 된다면 외적 이미지는 자연스럽게

만들어지는 것이지요.

'첫인상만 좋은 사람'으로 각인되지 않도록
더 아름답고, 진실한 나의 내적 이미지를
만들어보세요.

마음의 비타민

삶에 지쳐있는
내게 선물을 주세요.
다시 일어날 수 있는
새로운 힘의 원동력이 될 것입니다.

칭찬해주고 싶은
내게 선물을 주세요.
더 큰 행복과 기쁨의 결과를
다시 선물해줄 것입니다.

슬픔에 빠져있는
내게 선물을 주세요.
눈물을 그치게 할 수 있는
활력소의 역할을 할 것입니다.

어느 날 갑작스럽게
내게 선물을 주세요.
나의 존재감과 가치를
더욱 높여줄 것입니다.

저는 지방 강의를 가면 돌아오는 길에
주변 팬시점에 들러 작은 인형을 하나 삽니다.

그 인형은 작지만 수고한 내게 주는 선물이고
오늘 강의를 잊지 않기 위한 방법이기도 하지요.
인형이 하나, 둘 모이는 것을 볼 때마다
뿌듯함과 만족감도 느끼게 된답니다.

자신에게 선물을 주세요.
나를 사랑하고 아끼는 습관은 세상을 살아가는데 필요한
가장 기본적인 것입니다.

꼭 물질적인 선물이 아니더라도
내게 사랑의 메시지를 선물하는 것도 좋겠지요.

"오늘 많이 바빴지만 최선을 다해서 멋졌어."
"힘들지만 잘 참고 있어, 곧 괜찮아질 거야."
"역시 넌 잘할 거라 믿었어."

우리는 성인이 되면서 생각과 몸은 달라졌지만
내면에 있는 감성은 언제나 어린아이와 같이
여리고 순수합니다.

항상 '토닥토닥' 아이처럼 격려하고 아껴줘야만
더 커다란 힘을 발휘할 수 있게 되지요.

지금 거울 속 내 모습을 한번 바라보세요.
그동안 화장이 예쁘게 되었는지, 옷이 잘 어울리는지…
시간에 쫓겨 겉모습에만 집중하고 신경 쓰면서
거울을 대충 보진 않았나요?

거울 속에 비친 내 모습을 다정한 눈으로 천천히 보세요.
그리고
지금까지 만만치 않은 세상 속에서
이리저리 눈치보며, 이런저런 상처받으며,
끊임없이 노력하며 잘 살아온 당신에게
따뜻한 말 한마디를 선물해보는 겁니다.

내게 주는 선물은
나를 더 따뜻하고 여유 있는 사람이 되도록
만들어주는 '새콤달콤' 기분 좋은 비타민과 같습니다.

내가 만든 비타민은 이 세상 어떤 것보다
더 완벽하고 효과 있는 비타민이지요.

내 마음이 여유롭고 건강해야만
내가 사랑하는 사람들에게도 무엇이든 나누고
베풀 수 있습니다.

나를 위해, 사랑하는 사람들을 위해
마음의 비타민을 꼭! 꼭! 챙겨드세요.

"자! 이제 비타민 먹을 시간입니다."

시간에게 부탁하세요

어느 날 내게 찾아온 당신이
내 사람인지 나를 스쳐 지나가는 사람인지
알 수 없어 마음 열기가 두려울 땐 시간에게 부탁하세요.

마음 깊은 곳에 고이 묻어둔 사람,
생각만으로도 숨이 막히고 가슴 먹먹해지는 사람,
희미한 추억과 가슴 시린 그리움만 남아있는 사람,
그 사람이 그리워 잠 못 이룰 땐 시간에게 부탁하세요.

캄캄하고 끝이 없는 길에 혼자 있다고 느껴져
더 이상 한 발자국도 갈 수 없을 때
그냥 주저앉아 울고 싶을 땐 시간에게 부탁하세요.

외면하며 살아왔던 큰 슬픔이
어느 날 문득 찾아와 주체할 수 없이
나를 약하고 초라하게 만들 때 시간에게 부탁하세요.

그 누구에게도 말할 수 없는 가슴 깊은 곳의
외로운 상처가 나를 괴롭혀 집착하게 만들고
또 다른 아픔을 남기려 할 때 시간에게 부탁하세요.

내 힘으로 할 수 있는 일이 더 이상

아무것도 할 수 없을 때
모든 것을 자포자기해야 할 땐 시간에게 부탁하세요.

시간은 모든 것을 다 해결해줍니다.
우리가 시간을 믿지 못하고 조급해할 뿐이지요.

사랑하는 사람을 온전히 믿고 의지하듯
순수하게 시간을 믿고 기다려보세요.

비록 그 결과가 예상과 다르다 해도
시간은 '현재'라는 어둠 속에서
빠져나올 수 있는 하나의 돌파구가 될 것이며
추억이라는 값진 선물을 안겨줄 것입니다.

시간은 정직하고
시간은 한결같고
시간은 힘이 있기에
절대 우리를 배신하지 않습니다.

시간에게 부탁하세요!

인간 관계가 힘들 때

인간관계가 힘들 때
상대는 틀린 게 아니고 나와 다른 것.
변한 게 아니고 내가 모르고 있었던 것.
부족한 게 아니고 욕심부리고 있는 것.
답답한 게 아니고 이해가 부족한 것.
실망시킨 게 아니고 내 마음의 변화가 문제인 것.
이상한 게 아니고 보는 시각이 달라진 것.
섭섭하게 만든 게 아니고 기대 이상으로 마음을 줘버린 것.

모든 근본적인 원인은 상대가 아닌, 내게 있는 것.

남을 탓하기 전 나를 먼저 돌아본다.
내가 아닌 상대의 입장이 되어본다.

'이젠 됐다.' 할 만큼 충분히 상대를 위한 배려, 노력,
인내, 절제를 해본다.

그래도
그래도 안되는 거라면
그땐 내게
"이젠 됐다."라고 말하자.

과거의 추억에 감사하세요

인터넷 강의로만 제 모습을 보셨던 분을
어느 날 만나게 되었습니다.
인사 후 조심스레 하시는 말씀이
"강사님! 영상에서는 키가 커 보였는데
생각보다 아담하시네요?"
"네. 제가 좀 작지요?"
자주 듣는 말이라 이젠 당연하게 느껴집니다.
저희 부모님은 두 분 다 키가 크신 편이고,
남동생 또한 작은 키는 아닙니다.
유난히 저만 키가 작은 이유는
못 먹어서가 아닌, 안 먹어서입니다.

지금도 친척들을 만나면 어렸을 적 안 먹어서
엄마를 많이 힘들게 했다고 이야기를 하시지요.

제가 생각해봐도 참 안 먹었습니다.
그래서 늘 입병을 달고 살았고 유치원 때부터
맨 앞자리는 항상 제 자리였죠.
그래도 전 작은 것에 대해 스트레스를 받거나
민감한 적 없이 잘 지내왔습니다.

시간이 흘러 유아교육을 공부하고

교사생활을 하던 중 아이의 편식 지도를 하게 되면서
'나는 왜 그렇게 혼나면서도 잘 안 먹었을까?'
문득 어릴 적 나의 심리가 궁금해지더군요.
내 마음이었는데도 그동안 돌아보지 않고
무심하게 시간이 흘러왔다는 걸 알게 되었습니다.

시간을 거슬러 올라가 작은 박효정에게
조용히 물어보았습니다.
작은 효정이의 눈으로 보고,
마음으로 생각해보았습니다.
저희 어머니는 어렸을 적부터 미용실을 하셨기 때문에
외할머니와 함께 생활하는 시간이 많았습니다.
외할머니께 항상 넘치는 사랑을 받으면서도
엄마의 관심을 늘 받고 싶었던 작은 효정이.

그러던 어느 날
드디어 엄마에게 관심 받을 수 있는
쉬우면서도 효과적인 방법을 찾게 되었습니다.
그것은 바로 편식이었습니다.
식사 때마다 오직 나를 위한 음식을 해주시는 것도,
사람들에게 안 먹는다고 걱정스레 내 이야기를 하는 것도…
모두 엄마에게 사랑받고 있다는 느낌이었고 행복했습니다.

작은 효정이는 편식으로 관심 끌기를 했더군요.
시간이 오래 흘러버렸지만
작은 효정이의 마음을 읽어주고
힘들었던 어머니의 입장도 되어보면서
마음이 많이 아팠습니다.

잊고 지냈던 일들이 새록새록 떠오를 땐
그 기억을 따라 깊이 들어가 제삼자가 되어 지켜보세요.
그땐 전혀 몰랐던 사실들을
하나, 하나 발견하게 되고,
다시 그 상황을 자세하게 돌아보게 됩니다.

마치 숨겨진 보물을 찾은 것처럼
소중한 추억이 되기도 하고,
나의 감정을 이해하고 인정하는
치유의 시간이 되기도 하지요.

우리는
행복했던 추억은 회상하기를 즐겨 하나,
괴롭고, 슬픈 추억은 상처를 들추기 싫어 과거 속에 덮어놓고
그 끈을 놓지 못하고 살기도 합니다.

당신이 기억하고 있는 그 추억은
내 삶의 수많은 추억들 중
내가 기억하고 있는 특별하고 소중한 것입니다.

그러니 나의 모든 추억에게 감사하세요.
그 추억들은 오직 나에게만 존재하는 유일한 것이니까요.

지나간 과거는 버릴 게 없습니다.

'나 전달 방법'을 알고 계신가요?

요즘 상대에 대한 배려 없이 쉽게 말하는 사람들을 보며
기분을 상하지 않게 그 상황과 느낌을 이해시키는
'나 전달 방법'의 필요성을 느낍니다.

주로 아이들에게 많이 사용하는 방법이지만
어른들에게도 쉽게 적용할 수 있는
긍정적인 대화 방법이지요.

이미 많은 사람이 알고 있고
자녀가 있는 부모님들이 기본적으로 알고
있어야 하는 방법이기도 합니다.

사람은 누구나 무의식적으로 방어기제를 하는
습관이 있습니다.

나를 방어하기 위해 상대를 탓하기 때문에
자연스럽게 '너 전달법'이란 소통법을 사용하지요.

나 전달법, 너 전달법.
두 방법의 차이점은 '주어가 누구냐' 인것입니다.
너 전달법은 주어가 '너' 인 반면, 나 전달법은 주어가
'나' 가 되는 거지요.

"너는 어떻게 약속을 안 지킬 수 있니?"
"너 왜 그렇게 얘기하니?"

주어가 '너'인 너 전달법의 경우
상대방의 감정을 상하게 하기 쉽습니다.

그 감정은 메아리처럼 똑같이 내게 돌아오기 때문에
서로에게 상처만 줄 뿐, 원만한 대화를 나누기가 어렵겠지요.

"나는 네가 약속을 안 지키면
나를 무시하는 것 같아서 화가 나."
"나는 네가 다른 사람들에게 내 얘기를
했다는 소리에 속상하고 배신감을 느꼈어.
왜냐하면, 나는 너를 친한 친구라고 생각하고 믿었거든."
이렇게 대화의 주체가 내가 되면서 솔직한 나의 생각,
감정, 느낌을 표현해보는 것이 나 전달법입니다.

특히 남자들은 여자들이 감정과 느낌을
말로 표현하기 전에는 잘 모릅니다.
그래서 여자들은 먼저 알아주지 않는 것에
섭섭해하고 토라져버릴 때가 많지요.

나 전달 방법을 사용해보세요.
'아~ 지금 이런 마음이구나.'
'이런 생각을 하고 있구나'
감정을 이해하는데 도움이 될 겁니다.

교사로 생활하던 어느 날.
학부모의 전화 받았습니다.

아이가 집에서 동생과 놀이를 하다가
동생이 장난감을 뺏어가자
"나… 네가 장난감 가져가면 기분이 안 좋아."
"빌려달라고 이야기해야지."
화를 내지 않고 이렇게 이야기를 했다며
신기하고, 감사하다고 전화를 주셨습니다.

아이도 쉽게 사용할 수 있는 나 전달법.
친구, 남편, 아내, 아이, 부모…

내가 아는 모든 사람과의 긍정적인 소통을 위해
한번 노력해보세요.

처음엔 익숙하지 않아 낯설지만

효과는 확실히 보장합니다.

"네가 ~ 하면"
"나는 ~ 하다"
"왜냐하면~"

이제 나를 전달해볼까요?

행복을 충전하세요

핸드폰 배터리가 없을 때,
자동차의 기름이 떨어졌을 때,
허기진 배에서 소리가 날 때…
에너지를 충전해야 원상태로 돌아올 수 있습니다.

우리의 마음도 끊임없이 충전이 필요합니다.

세상에 이리저리 치이고 상처받은 나의 마음을
충전할 수 있는 방법을 하나 알려드릴게요.

생각만 해도 가슴 벅차오르는 감동의 순간을 기억해보세요.
그 순간들을 회상하며 잠시 그때로
돌아가 행복감에 푹 빠져보는 겁니다.

기대하지 않았던 친절과 배려를 받았을 때,
나와 통하는 느낌의 사람을 찾았을 때,
노력의 결과에 내 스스로 만족할 때,
미치도록 보고 싶었던 사람을 드디어 만났을 때,
누군가에게 나를 향한 진실한 사랑을 느꼈을 때,
나의 능력을 인정받았을 때,
가슴 떨리는 사람에게 나의 사랑을 전했을 때…
아마도 감동의 순간은 수 없이 많겠지요.

마음의 여유가 없을 때 잊고 지냈던
감동의 순간을 꺼내어
행복을 충전해보세요.
충전한 만큼 행복은 우리를 찾아옵니다.

행복을 충전하세요.

반전의 매력

사람들은 대부분 영화 속 반전을 좋아합니다.
반전있는 영화의 새로운 결말에 흥분하기도 하고
더 끌리는 느낌을 받으면서 기억 속에 오래 남게 되지요.

우리 삶도 그렇습니다.
내가 원하는 대로, 계획한 대로 되기를 원하지만
매일매일 어떤 일이 일어날지 모르는
돌발상황의 연속이지요.
그래서 하루하루가 기대되고, 새롭고, 살맛나는 거고요.

그럼 나는 어떤가요?
사람들이 모르는 다른 이면에 반전이 있나요?
사람도 마찬가지입니다.
항상 똑같은 모습, 예상했던 모습
그대로 보여준다면 뻔히 보이는 영화 스토리처럼
지루하지 않을까요?

우리가 영화의 반전을 기대하는 것처럼
나의 또 다른 모습, 반전을 보여준다면
상대에게 더 매력적인 느낌으로 남게 될 겁니다.

저를 만나본 사람들은

제가 모범생이고, 정직하고, 한결같고,
단아(?)하다고 표현합니다.

그런데 그건 제 희망사항입니다.
저를 알면 알수록
사람들은 저의 행동에 크게 웃을 수도 있고
예상과 다름을 보고 실망할 수도 있겠지요.
하지만 그 모습도 제모습인걸요.

저는 참 엉뚱한 면이 있습니다.
초등학교 때 고양이의 민첩함과
유연성에 대해 배우고 그 궁금함과 호기심에
집 옥상(1층 높이)에서 고양이를 떨어뜨려보기도 하고,
비 오는 날 계곡 여행을 가서
자갈밭에 누워 한동안 비를 느껴보기도 했습니다.
친구들은 제가 특이하다고 했지만
전 제 엉뚱함이 좋았습니다.
가끔 주위 사람도 함께 참여시켜서
괴롭게 하지만요.

또 징그럽게 고집스럽기도 합니다.
아니라고 생각하는 일은

어떠한 결과가 따른다 해도, 누가 말린다고 한들
끝까지 무섭게 밀어붙이기도 하지요.
사람들이 마음이 약해 보인다고 하지만
강해져야 할 땐 찔러도 피 한 방울 안 나올 만큼
완전무장으로 변신도 합니다.
항상 마음은 열려있지만 마음을 닫아야 할 때는
차갑게, 굳게 닫아버리지요.

사람들이 완벽해 보인다고 하지만
덜렁거림에 스스로를 구박하기도 하고
'또 그랬구나.' 쉽게 인정도 합니다.

현재 사람들이 느끼는 저의 모습은
제가 원하는 이상형이고,
저는 지금 그런 사람이 되어가는 과정인 거지요.

나를 알고 있는 사람들에게
"헉!" 소리가 나올 만큼 의외의 모습,
내가 가지고 있는 또 다른 모습을 보여주면 어떨까요?

그러면 당신은 오래도록 잊히지 않을 겁니다.
당신의 반전 매력을 보여주세요.

주문을 걸어요

기분 좋은 아침을 원하세요?
매일 아침 거울을 보며 내게 주문을 걸어보세요.

하루 세 가지씩 자신을 칭찬하고 격려해보는
습관을 가져보는 거예요.

- ◆ 난 특별하고 매력 있는 사람이야.
- ◆ 난 뭐든지 할 수 있어.
- ◆ 난 매일 조금씩 발전해가고 있어.
- ◆ 노력하는 내 모습이 대견스러워.
- ◆ 오늘 눈 화장이 예쁜데? 느낌이 좋아.
- ◆ 난 참 웃는 모습이 예뻐.
- ◆ 벌써 일어나서 준비하는 너… 참 부지런하구나.
- ◆ 난 지혜로운 네가 자랑스러워.
- ◆ 오늘 노란 옷이 정말 잘 어울리는데 나를 위한 옷이야.
- ◆ 난 내가 너무 맘에 들어.
- ◆ 나는 나 자신을 진심으로 사랑해.
- ◆ 00아! 오늘도 파이팅! 힘내자!

'칭찬은 고래도 춤추게 한다.' 라는 말이 있잖아요.

유치하든, 닭살이 돋든, 구체적이든, 간단하든… 무조건 칭찬하는 습관으로 하루를 시작하는 것이 중요합니다.
매일 꾸준히 긍정의 주문을 걸며 거울 속 내게
미소를 보여주는 훈련을 한다면 우린 더 보람되고
자신 있는 삶을 살게 될 거예요.

좋은 느낌과 자신감을 충전하는 아침
이제부터 만들어보세요.

오늘은 최고의 날이 될 것입니다.

건강한 수다

산책 나온 늦은 시간.
잠시 벤치에 앉아 살랑살랑 불어오는
정겨운 바람을 느껴봅니다.

집 앞 정자에는 아주머니 네 분이 앉아 서로
부채질을 하며 주거니 받거니 이야기꽃을 피우고 있습니다.

'여자는 쇼핑과 이야기를 함께 나눌 사람만 있다면
절대 우울증에 빠지지 않는다.' 라는 이야기를
우연히 들은 적이 있습니다.
웃어넘긴 이야기인데 생각해보니 그렇더군요.

소수의 사람들은 아줌마들이 모이면
'영양가 없는 수다를 떤다' 라는
시선으로 보기도 하지요.

정말 영양가가 없을까요?
그녀들의 이야기 속에는 많은 경험과 노하우,
삶의 지혜들이 가득합니다.
한 가정의 아내, 어머니, 며느리로서의 역할을
모두 해내는 훌륭한 분들이니까요.

그녀들이 흔들리면 가정도 건강하지 못하다는 걸
우리는 잘 알고 있습니다.

멋진 그녀들의 수다를 응원해주세요.
그 가정은 더욱 화목하고 건강해질 것입니다.

"그녀들의 건강한 수다를 응원합니다!"

운전기사와 선입견

택시를 타는 순간 지갑을 습득한
택시는 연락을 달라는 방송이 나옵니다.

그 이야기에 아저씨와 저의 이야기꽃이 피기 시작했지요.
사실 전 택시를 타면 침묵하기 쉽지만 어른이기에
맞장구치며 공감해드립니다.

오늘 만난 택시 아저씨는 택시 운전을 하시면서
분실한 지갑을 16번이나 찾아주셨답니다.
그러나 16번 중 감사 인사는
전화로 딱 두 번 받았다고 합니다.
한 번은 고등학생의 감사 전화,
또 한 번은 식당 하는 아주머니인데 지갑에 꽤 많은 돈이
들었었는지 세 번이나 식사 대접을 하겠다고
전화가 왔었지만 끝까지 거절했다고 하십니다.
그 이유는 택시기사의 역할을 다했을 뿐이기에
받을 이유가 없다고 하시더군요.

'택시기사', '버스기사' 하면 선입견을 가지고 보는
사람이 의외로 많습니다.
정해진 시간에 차를 이동해야 하기에 교통규칙을
어기기도 하고 난폭운전을 해야 하는 경우도 많지요.

하지만 그동안 제가 탔던 택시와 버스는
화이트데이라고 타는 손님마다 사탕 선물을 하는 택시,
마치 책 한 권을 읽는 듯 깨달음을 주는 택시,
친딸처럼, 가족처럼 대해주는 택시,
할머니가 자리에 앉으실 때까지 기다려주는 버스,
사람이 타고 내릴 때마다 한 명 한 명
눈을 마주치며 인사하는 버스…
정말 좋은 기사님들을 만나보았답니다.
물론 실망스럽고 어른답지 못한 분들이 간혹 있기도 하지만
부분만 보고 전체를 평가하는 건 아니지요.

어떤 직업이든 직업에는 귀천이 없고,
사명감을 갖고 최선을 다하는, 존경할 수 있는 분들이
주변에 많음을 잊지 말아야겠습니다.

비 오는 날 세차하기

비 오는 날 세차, 엉뚱하고 상쾌한 발상입니다.

자동세차는 좀 무섭고,
손 세차는 좀 거만해 보이는 느낌이고,
힘은 들지만 혼자 하는 셀프 세차장을 선택했지요.

역시 비 오는 날 세차장은 텅텅 비어있어서
혼자 여유 있는 세차를 했습니다.

문득 비가 쏟아지는 날 우비 입고 비를 느끼며
세차해 보고 싶은 충동을 느꼈습니다.
거품 세차 후 빗물에 씻겨 내려가는
얼룩들을 볼 수 있겠지요.

비 오는 날 아이와 함께 세차하며 놀아주는
경험은 어떨까요?

부모들은 감기에 걸릴까 봐, 옷이 젖을까 봐…
여러 가지 걱정때문에 비가 번거롭고 반갑지 않지만
아이들은 하늘에서 떨어지는 비가 마냥 좋고,
신기하고, 흥미롭기만 하지요.
세차놀이를 통해 자연스럽게 비를 느끼게 되면서

오감 자극은 물론 비의 소중함, 고마움, 만족감, 성취감…
모두 자연스럽게 배우게 될 겁니다.

행복해 보이는 아이 모습이 그려지네요.
놀이를 통해 아이의 마음이 열리고
생각도 자란다는 것을 잊지 마세요.

중학생이었던 어느 여름날…
하교하려는데 갑자기 비가 내립니다.

친구와 비를 피해 보지만
비는 그칠 기미가 보이지 않더군요.
어쩔 수 없이 비를 맞으며 가기로 하고 걸었지요.

처음엔 사람들 눈을 의식하며 뛰다가
나중엔 포기하고 물이 고여있는 곳을
아이처럼 첨벙거리며 걸어보고, 비가 오는 하늘을
올려다보며 얼굴로 비를 느껴보기도 합니다.

집에 도착했을 땐 물에 빠진 생쥐가 되었지만
그날 친구와 저는 성인이 되어도 웃음 지으며
회상할 수 있는 행복한 추억을 만들었습니다.

가끔 비는 우리에게 감기라는 아픈 녀석을
소개해 주기도 하지만 감기도 거뜬히 이길 수 있는
행복한 추억을 남겨준답니다.

카멜레온 같은 비를 느껴보세요.

한 번, 두 번, 세 번

모든 인연이 소중하고 아름답기만 할까요?

살아가다 보면 실망을 안겨주는 사람,
내게 실수하는 사람,
상처를 선물하는 사람들과의 만남이 있습니다.

인연에 대한 미련으로
한 번…
두 번…
세 번까지는 참아봅니다.

한 번…
두 번…
세 번까지는 기다려봅니다.

한 번은 부드럽게
두 번은 조금 딱딱하게
세 번은 마지막인 것처럼 단호하게 이야기합니다.

고집스럽고, 유난스러울 수도 있으나
우유부단함을 예방하기 위한 나만의 약속과 철칙이지요.

가끔
한 번…
두 번…
세 번째의 인내와 배려를 무시하고,
넘겨버리는 사람들로 인해 시험에 들기도 하나,
그 과정은 나를 연단시키고, 내 소중한 인연들을
지켜나가기 위한 방법입니다.

한 번…
두 번…
세 번…

두 번째 이름이 필요한 이유

국민 MC, 국민 멘토,
긍정쟁이, 오뚜기, 스토리텔러,
행복 마술사, 비져니스트, 드림플래너…

나를 나타낼 수 있는 의미 있는 단어들을
닉네임이라고 합니다.

사람들이 나를 떠올릴 때 생각나는 닉네임,
형용사는 무엇일까요?

내 이름 세 글자 앞에 붙이고 싶은
닉네임, 형용사는 어떤 것인가요?

내가 누구인지 증명할 수 있고, 스스로 만족할 수 있는,
내게 어울리고, 내가 원하는, 자신있게 내 이름 앞에
붙일 수 있는 닉네임과 형용사를 써보세요.

매일매일 볼 수 있는 곳에 붙여두고 읽어봅니다.

내게 주문을 걸고 무조건 믿어보는 거지요.

모든 것은 생각하는 대로,

원하는 대로 이루어지니까요.

내 생각과 나에 대한 믿음은
나를 완성하는데 필요한 밑거름입니다.

"내 생각대로 이루어지는 신기한 세상"

권력을 주신 분의 뜻과 계획

권력의 힘은 사람을 눌러 낮아지게 만들지만
권력의 힘으로 사람을 더 높이 올려주기도 합니다.

권력의 힘은 지울 수 없는 아픈 상처를 주지만
권력의 힘으로 상처를 깨끗이 치료하기도 합니다.

권력의 힘은 세상의 낙오자를 만들지만
권력의 힘으로 세상 밖으로 나올 수 있도록
이끌어주기도 합니다.

권력의 힘은 아무것도 할 수 없는 바보로 만들지만
권력의 힘으로 무엇이든 할 수 있는 능력자를
만들기도 합니다.

권력의 힘은 세상을 등지게 하는 결과를 만들지만
권력의 힘으로 세상과 하나 되어
나눔을 실천하게 만들기도 합니다.

권력의 힘은 자존심을 부추기지만
권력의 힘으로 자존심이 아닌 자존감을
높여주기도 합니다.

권력의 힘은 사람을 더욱 독하게 만들지만
권력의 힘으로 부드럽고 따뜻한 사람을 만들기도 합니다.

권력은 어떠한 결과를 나타낼 수 있는 영향력입니다.
권력은 어떠한 결과를 이끌어낼 수 있는 능력입니다.

권력의 힘을 올바로 사용하지 못하고
세상에 두려울 것 없이 약한 자를 흔들어댄다면
잔인한 무기가 되어버립니다.

권력을 쥐고 있다고 함부로 휘두르며 세상을
다 가진 것 마냥 욕심과 교만함으로 행동하는 것은
권력의 오남용입니다.

당신이 잘못 사용하는 권력은 언젠가 반드시
나를 향해 돌아온다는 것을 잊지 마세요.

권력은 올바르고 정직하게 지혜롭게
오직 선한 영향력을 위해 쓰여야 합니다.

그것이
그 권력을 주신 분의 뜻이며 계획입니다.

지금 업그레이드 중입니다

제자리는 없습니다.
나 자신과 끝없이 싸웁니다.
어제는 미워하고, 화내고
오늘은 이해하고, 격려하고,
사랑하기를 반복하면서
upgrade 중입니다.

나의 인연들을 찾고
인연으로 인해 감동과 행복을 느낍니다.
그리고 어쩔 수 없이 인연을 마음 밖으로
떠나보내기도 하면서
upgrade 중입니다.

오직 나만이 해결할 수 있는 고독한 시간을
극복하고 견뎌내면서 나만의 방법을 터득합니다.
그리고 또 다른 시련들을 만나고 이별하면서
upgrade 중입니다.

말로만 듣던 사랑이 무엇인지 알게 되고
사랑의 설렘과 기쁨으로 온 세상이 핑크빛처럼
아름답게만 보입니다.

그리고 외면하고 싶은
가슴 시린 사랑의 아픔도 알게되면서
upgrade 중입니다.

세상의 지식을 하나, 둘… 내 것으로 만듭니다.
그리고 세상에서 시행착오로 얻을 수 있는 값지고
소중한 지혜들을 하나, 둘 모으면서
upgrade 중입니다.

남들은 더 나은 모습으로 upgrade 중인데
나만 제자리에 있는 것 같다고 느껴진 적 있나요?

제자리는 없습니다.
지금 그 자리에서도 당신은 계속 upgrade 중이니까요.
단지 속도 차이일 뿐이지요.

오늘은 어제보다 더 나은 날.
내일은 오늘보다 더 발전되는 날이라는 것을 잊지 마세요.

"할 수 있어."
"괜찮아."
"그럴 수도 있지."

"어쩔 수 없지 뭐."

이렇게 나 자신의 소중함과 가치를 알고
어떤 상황에서도 내 편이 되어주세요.
그러면 upgrade 속도를 높일 수 있습니다.

제자리는 없습니다.

당신은
지금 upgrade 중입니다.

사랑하니까 chapter 2

세상에서 가장 큰 선물

세상에서 가장 큰 선물은 사람입니다.

언제나 그 자리에 있는, 흔들림 없는 사람.

일 년에 단 한번 만나도
어제 만난 것처럼 어색함 없는 사람.

표현하지 않아도 서로의 눈빛만으로도
나를 향한 마음이 느껴지는 사람.

만나러 가는 그 길이 가슴 설레고
콧노래가 나오는 사람.

돌아오는 그 길이 아쉬워
뒤돌아보며 뭉클해지는 사람.

아무에게도 쉽게 할 수 없는
속마음을 털어놓고도 후회 없는 사람.

나보다 더 잘 되길 항상 소망하는 사람.

나의 아픔에 더 아파하며

가슴으로 눈물 흘리는 사람.

나의 모든 감정을 함께 나누고 싶은 사람.

내가 어떤 사람이든 든든한 내 편이 되어줄 수 있는 사람.

포장된 듣기 좋은 말보다
진심 어린 말로 깨닫게 해주는 사람…

세상에서 가장 큰 선물은 사람입니다.

당신이 내게 큰 선물이 되어준 것처럼
더 큰 감동으로 다가가는 값지고, 참된 선물이 되겠습니다.

진짜 인연을 찾아가세요

인연을 만들기는 참 어렵습니다.
때론 짝사랑 마냥 힘들고, 외롭고, 아프기도 하지요.

전 절대 짝사랑을 하지 않는 사람입니다.
중·고등학교 시절 친구들과 달리
연예인도 특별히 좋아한 적이 없었지요.

이 세상 모든 사람은 다 소중하고, 특별한 존재이며,
똑같은 사람인데 함께가 아닌,
한 쪽만 외롭게 사랑한다는 게 싫었습니다.
참 고집스러운 저만의 자존심이었죠.
그래서 친구가 짝사랑으로 괴로워할 때도
공감해주기보다 안타까운 마음이 더 컸습니다.

물론 짝사랑이 더 애절하고, 뜨겁기도 하지만
자신을 아프게 하는 사랑이라면
나의 행복을 위해 돌아서는 것도 중요합니다.

인연도 마찬가지겠죠.
짝사랑처럼 인연을 이어가기 위해 힘든 노력을 하고 있다면…
"그건 인연이 아닙니다.
나 자신이 행복한 인연을 찾아 이어가세요."

사랑하니까

사랑하니까 연락 못해도,
사랑하니까 찾지 않아도,
사랑하니까 일이 먼저라 해도,
사랑하니까 힘들어도,
사랑하니까 아파도,
사랑하니까 섭섭해도,
사랑하니까 보고 싶어도,
사랑하니까 외로워도…
사랑하니까 이해해줘요.

당신은 누구보다
날 알고 사랑하니까 다 이해해줘요.

얼마 전 제게 따뜻하고 든든한 버팀목과 같은
이모님이 교통사고로 입원하셨습니다.
전 병원에 세 번 찾아갔습니다.
한 번은 사고 당일, 그다음은 지나가는 길에,
그리고 이모님의 호출에…
제가 스스로 간 건 딱 한번 뿐이었죠.
생각해보니 항상 이모님의 연락을 먼저 받고 살았더군요.

오랜시간 제가 연락이 없으면 걱정되고 궁금한 마음에

바쁠까 봐 문자로 안부를 물어보셨고,
전 그제야 연락을 드리는 무관심한 사람이었습니다.

'날 사랑하니까 이해해주실 거야.'

사랑하니까.
누가 뭐래도 날 아니까,
이해해주는 사람이니까, 괜찮다고…
이기적인 생각으로 자신을 합리화하며 살아왔던 거죠.

사랑하니까 모든 걸 다 이해해줄 거라는 생각은
나만의 이기적인 사랑입니다.

더 늦기 전에 후회 없이 사랑하세요.

사랑하는 사람이 곁에 있을 때…
사랑을 표현할 수 있을 때…
사랑하는 사람을 찾을 수 있을 때…
사랑이 가슴 깊이 상처로 남기 전에…
사랑하세요.

당신만은 언제나

내 편이 되어주세요.
모든 사람들이 나를 외면하고 떠나간다 해도
함께 동요되지 않고 큰 바람에도 잔잔한 호수와 같이
"괜찮아!"라고 말해줄 수 있는
당신만은 언제나 그런 내 편이 되어주세요.

그 자리에 있어주세요.
내가 당신에게 무관심하다 해도
아무런 의심 없이 뿌리 깊은 나무처럼
무조건 나를 믿어주는,
당신은 언제나 변함없이 그 자리에 있어주세요.

사랑해주세요.
나의 이름 세 글자만 떠올려도 가슴이 벅차오르고,
어디에 있든, 무엇을 하든, 누구를 만나든…
가슴 한쪽에 내가 존재하는 것처럼 함께 생각하고
움직이며 나의 존재만으로 행복을 느낄 수 있도록,
당신은 언제나 그렇게 나를 사랑해주세요.

버팀목이 되어주세요.
갈대처럼 이리저리 흔들리고
옳고 그름을 가리지 못하여 헤매고 있을 때

나를 바르게 세워주고 쓰러지지 않도록 꼭 붙들어주는,
당신만은 언제나 나의 버팀목이 되어주세요.

이야기를 들어주세요.
천진난만한 아이처럼 수다스럽게
마음 깊은 곳의 이야기까지 편안히 꺼낼 수 있도록,
당신은 나의 이야기를 들어주세요.

언제나 'ok!' 해주세요.
사람들이 모두 'no!'라고 거절해도
당신만은 언제나 나를 믿고 흔쾌히 'ok!'라고 해주세요.

당신 곁에 그런 사람.
이렇게 믿고 부탁할 수 있는 사람이 있나요?

그런 사람을 곁에 두기 위해서 먼저 이렇게 말해보세요.
"네. 그렇게 할게요.
당신이 내게 원하기 전에 내가 먼저 그리 할게요.
설령 당신이 내게 그런 사람이 아니라 해도
나는 당신에게 그런 사람이 되어줄게요."

나의 욕심과 이기적인 생각보다는

베풂과 나눔을 먼저 생각해 주세요.
밖으로 뻗었던 사랑은 결국 나의 안으로
다시 돌아오게 된답니다.

내 안의 소중한 것을 내가 먼저 나누어주세요.
그것이 진정한 사랑이니까요.

"나는 당신이 그런 사람이라는 것을 믿습니다."

너라서 사랑해

겁이 많다는 건 무엇이든 신중하게 생각하고
행동하는 거니까 괜찮아.
섣불리 판단해서 일을 그르치는 것보다
겁 많은 너라서 사랑해.

눈물이 많다는 건 네가 마음이 건강하다는 것.
지극히 정상적인 거니까 괜찮아.
울고 싶어도 감성이 메말라버려 눈물 한 방울
안 나오는 것보다 눈물의 힘을 알고 있는 너라서 사랑해.

욕심이 많다는 건
네 안에 뜨거운 열정이 살아있다는 거니까 괜찮아.
다람쥐 쳇바퀴 돌듯 늘 그 자리에서 만족하는 것보다
새로운 변화를 꿈꾸는 욕심 많은 너라서 사랑해.

실수가 많다는 건 무언가를 도전하고 시도하면서
더 발전해가고 있다는 거니까 괜찮아.
실수가 두려워 아무 선택도 하지 않는 것보다
자신을 믿고 한 발 더 나아가는,
실수가 많은 너라서 사랑해.

말이 적다는 건 말과 행동보다 생각이

앞서고 있는 거니까 괜찮아.
말이 많아 오해와 상처들이 따라다니는 것보다
말이 적은 너라서 사랑해.

사람이 적다는 건 내 사람의 소중함과 중요성을
알고 있는 거니까 괜찮아.
정작 힘들 때 단 한 명도 찾을 수 없는
풍요 속의 빈곤을 느끼는 것보다
진정으로 통하는 내 사람이 있는,
사람이 적은 너라서 사랑해.

돈이 적다는 건
돈보다 더 가치 있는 삶을 살고 있는 거니까 괜찮아.
돈이 삶의 전부가 되어 내 것만 챙기기에 급급한 것보다
돈처럼 쉽게 사라지지 않는, 변하지 않는 참 행복을 아는,
돈이 적은 너라서 사랑해.

능력이 적다는 건
앞으로의 너의 비상을 나타내는 거니까 괜찮아.
자신의 능력만 믿고 교만함으로 마음을 채운 사람보다
겸손한 능력의 가능성을 가진, 능력이 적은 너라서 사랑해.

네가 어떤 사람이라도. 어떤 모습이어도.
누가 뭐라고 해도 괜찮아.

너는 세상에 단 하나밖에 없는 귀하고 소중한 사람이니까.
세상의 주인공은 너니까.

언제나 그 모습 그대로
너라서 사랑해

외면하고 싶은 그곳

그곳은 외면하고 싶는 곳입니다.
인정할 수 없었던 아픈 기억들이
깊은 슬픔의 우물 속으로 빠지게 하는 곳
내 기억 속에서 멀리 떠나보내고 싶은 곳입니다.

그곳은 애타게 그리운 곳입니다.
세상에 나 혼자밖에 없다고 느껴질 때.
어떤 방법도 통하지 않을 때, 가장 먼저 떠오르는 곳.
하지만 마음이란 겁쟁이 녀석은 더 큰 아픔이
찾아올까 두려워 쉽게 가려 하지 않는 곳입니다.

그곳은 사랑하는 사람이 있는 곳입니다.
모든 사람에게 선한 영향력을 주었던 사람,
시간이 지나도 영원히 그 모습 그대로
기억 속에 남아 있을 사람, 나보다 나를 더 사랑하는 사람…
소중한 사람이 있는 특별한 곳입니다.

그곳은 현실을 인정하게 하는 곳입니다.
빈자리의 허전함을 느끼지 못하고
아니… 느끼지 않으려고 노력하며
평범하게 잘 지내려는 이 모든 노력을
한순간에 깨버리는 그곳은 냉정하고 차가운 곳입니다.

이제 그곳에 그 사람이 떠난 그 나이와
똑같은 나이가 되어 찾아왔습니다.
곧 그 사람이 떠난 따뜻했던 봄도 오겠죠.

그곳은 오랜 시간이 흘러도
그립지만 외면하고 싶은 곳.
마음 놓고 불러보고 싶은 사람이 깊이 잠들어 있는 곳.
아이 마냥 울고 있는 한 소녀가 떠오르는 곳.

그곳은 사랑하는 나의 어머니가
계신 산소입니다.

내일은 해가 뜬다

고등학교 시절 우리 집은 교도소 옆이었고
베란다에서 쉽게 교도소의 풍경을 볼 수 있었습니다.

'교도소' 하면 왠지 거부감이 느껴지는 게 사실이지만
교도소는 우리가 사는 모습과 다를 바가 없습니다.
오리와 닭을 정성스레 키우고 아침이면 함께 모여 운동과
청소를 하며 가끔 신나는 음악이 울려 퍼지기도 하는 등…
우리의 평범한 일상과 같았습니다.

저는 그 모습을 간접적으로 보아왔기 때문에 교도소의
높은 벽처럼 내 마음의 벽을 만들고 싶지는 않았습니다.

어느 날… 한참 사춘기였던 내게 태풍이 몰아친 듯한
큰 아픔의 시간이 찾아왔습니다.
가슴이 터질 것 같은 슬픔이 몰려올 때면 견딜 수 없어
항상 집 근처 놀이터를 나의 휴식처로 삼았지요.
그날은
너무 버겁고 힘들어 그네에 앉아 하염없이 울어버렸습니다.
한참을 이 세상에 혼자 있는 것 마냥 두 눈과 귀를 닫고
울고 있을 때 어디선가 작은 노랫소리가 들려왔습니다.
그 노랫소리는 언제부터 들려왔던 것일까?
누가 부르는 걸까?

눈물 범벅이 된 바보 같은 내 모습을 들켰다는 생각에
쥐구멍이라도 찾고 싶었지만 두 눈에 눈물이 고여있는 채
주변을 두리번거리며 살폈습니다.
하지만 그 누구의 모습조차 찾을 수 없었고
노랫소리는 계속 들려왔지요.

그 노래는
"사노라면 언젠가는 밝은 날도 오겠지
흐린 날도 날이 새면 해가 뜨지 않더냐
새파랗게 젊다는 게 한밑천인데
쩨쩨하게 굴지 말고 가슴을 쫙 펴라
내일은 해가 뜬다. 내일은 해가 뜬다."
그땐 학생이라 몰랐던 그 노래는
들국화의 "사노라면" 이었습니다.
알고 보니 교도소 전망대 위에서 밤 근무를 하고 있던
교도관이 나를 보며 노래를 부르고 있더군요.

이 얼마나 감격스러운, 감동의 순간인지…
내 편이 있다는 그 느낌, 그 안도감,
그 뭉클함이 너무 커서 저는 더 크게
울 수밖에 없었습니다.
너무 높은 곳에 있어서 그분의 얼굴은 볼 수 없었지만

목소리만으로도 선한 얼굴이 그려졌지요.
성인이 된 지금도 그곳을 찾아
나의 힘들고 외로웠던 시간들을 회상해봅니다.
그리고 그 시간들을 잘 견딘 나를 격려해봅니다.
교도소를 바라보며 그분께 나만의 방법으로
감사함을 표현해봅니다.

어디선가 들려오는 것 같습니다.
내게 들려주려 높은 곳에서 큰 소리로 불러주었던
그 목소리가…
갈급하고 메마른 내 마음에 단비와 같았던
그 노랫소리가…
"내일은 해가 뜬다. 내일은 해가 뜬다…"

얼굴도 모르는 그분의 노래로 인해
나는 다시 한번 일어날 수 있는 힘을 얻었고
내가 받은 관심은 고마움과 감동이 더해져서
내 삶에 잊지 못할 소중한 기억으로 자리 잡았습니다.

지금 우리는
갈급하고 외로운 사람들을 외면하고 있는 건 아닌지…
무심코 지나치고 있는 건 아닌지…, 생각해봐야 합니다.

비록 낯선 사람에게 손 내밀지는 못하더라도
나의 손길을 기다리고 있는 주변 사람에게라도
관심을 가져야 합니다.

갈급한 자에게 내미는 나의 손은 그들에게 생명과 같고
평생 잊지 못할 감동으로 남는다는 것을 기억하세요.

이기적인 색안경

중학생이 친구를 고문하고 살해한 사건,
집단폭행에 왕따 사건 등…
경악을 금치 못하는 사건들을 매체를 통해
자주 접하게 됩니다.

점점 시간이 지날수록 사건 가해자들의 나이가
어려진다는 것과 사건의 강도 또한 높다는 건
정말 큰 문제이지요.
그래도 사람들은 잠시 잠깐 놀랄 뿐 그 심각성은
잘 인지하지 못하는 것 같습니다.

이 세상에서 내 아이만 소중하고, 내 아이만 잘 키우고,
내 아이만 잘 자라면 되는 것일까요?
그것만큼 이기적이고, 어리석은 생각은 없습니다.
그 아이가 더불어 살아갈 사회는 왜 보질 못할까요?

인간은 사회적 동물이고 모두가 함께
어울려 살아야 합니다.
그렇기에 이 세상 모든 아이가 소외되거나
상처받지 않고 잘 자라야만 내 아이도
행복할 수 있는 것을 알아야 하지요.
하지만 많은 사람은 그 중요성을 잊고

문제를 일으키는 아이들을 도와주기는커녕
외면하는 게 다반사이고
오히려 색안경을 쓰고 바라보며 경계합니다.

그 아이들은 문제 부모, 문제 어른들 때문에 상처받은
불쌍한 영혼들이라는 것을 알아야 합니다.

지금도 어떤 아이가 당신이 내미는 손을
갈급하게 기다리고 있을지도 모릅니다.

우리 아이가 살아갈 건강한 사회를 만들기 위해서는
세상으로부터 소외된 외로운 아이들부터 관심을 갖고
돌아보도록 노력해야겠지요.
그 노력의 시작은 아이들을 바라보는 우리가 만든
색안경부터 버리는 것입니다.

내 아이를 위해, 우리 사회를 위해 기억하세요!
"인간은 사회적 동물입니다."

그 집 강아지와 내 집 아이

현관문을 열자 하얗고 작은 강아지가 나를 반깁니다.
옆집 문이 열린 것으로 보아 그 집 강아지인듯 합니다.

몇 년 전 여행 중 휴게소에서 어이없이 개한테 물린
경험이 있어서인지 자라보고 놀란 가슴 솥뚜껑 보고
놀란다고 작은 강아지인데도 화들짝 놀라
"아이고!"라는 말이 나도 모르게 튀어나왔지요.

주인이 이름을 불러도 살랑살랑 꼬리를 흔들며
내 주위를 맴도는 강아지를 뒤로한 채
엘리베이터를 탔습니다.
그런데 이 강아지,
생각해보니 짖는 소리가 이상하더군요.
무언가 목에 걸린 듯한 힘든 소리를 내고 있었습니다.

엘리베이터에서 곰곰이 생각해보니
성대수술을 한 것 같았습니다.

말로만 듣던 성대수술.
강아지의 힘겨운 소리를 직접 들으니
뭉클함이 몰려왔습니다.

강아지가 짖는 게 시끄럽다고 버리거나,
다른 곳으로 보내지 않고 끝까지 함께 살기 위한
최후의 방법을 택한 것이라는 걸 알기에
'수술을 결정한 주인도 마음이 많이 아팠겠구나' 라는
생각이 들었습니다.

그런데 어느 집을 방문하고 성대수술이나
짖을 때마다 전기 충격기나 스프레이를 사용하여
스트레스 받게 하는 방법이 아닌, 사람과 마찬가지로
반복 훈련을 통해 시끄럽게 짖음을 줄일 수 있는
방법도 있다는 걸 알게 되었습니다.
이 훈련을 위해서는 무엇 때문에 짖는지,
다른 해결 방법이 뭐가 있을지 원인과 해결 방법을
찾으면서 주인이 인내심과 애정을 갖고 기다려주고,
믿어주어야 함이 기본이 되어야 합니다.
그 결과…
시간이 오래 걸릴지언정 꼭 바뀌게 되지요.

우리 아이들의 양육방법과 비슷하지요?
말 못하는 강아지의 소통 방법은 짖는 것,
말 못하는 어린아이의 소통 방법은 우는 것이니 말입니다.

그러나 강아지에 대한 사랑도 없이 단순하게
내 소유물이라고 생각하는 사람은 이 방법을
절대 사용할 수 없을 뿐 아니라
그 효과도 기대할 수 없겠지요.

글을 쓰다 보니 제 친구 이야기가 생각납니다.
친구와 공원에서 산책하고 있던 어느 날,
주인이 없는 듯 조금 지저분해 보이는 개 한 마리가
우리 곁을 맴돌아서 먹을 것을 주었고
그 후 다른 곳으로 이동하여 함께 시간을 보내다
늦은 시간에 헤어졌습니다.
그런데 헤어진 지 한 시간 뒤 친구에게 전화가 왔습니다.
"그 녀석이 없어졌어…"
주인 없이 떠도는 개가 눈앞에 아른거려 헤어지고 나서
그 캄캄한 밤에 공원을 찾아간 것이지요.
또 퇴근길 다치거나 주인 없는 떠돌이 개를 보면
바로 시청에 연락하여 해결하고,
시에서 도착이 늦으면 집까지 데려가 보살피고,
차에 치인 고양이나 개를 도와주려다 손, 다리, 얼굴을
크게 물려 병원 신세를 지기도 하고…
동물에 대한 사랑이 큰 친구인 만큼
마음도 여리고 예쁜 그녀입니다.

이런 사람이 있는 반면 처음엔 강아지가 작아서 귀엽다고
키우다가 커버리고 병들면 아무 곳에나 버리는
사람들도 있지요.

버려진 것도 모른 채 그 자리에서 하염없이 주인을
기다리는 개…
이럴 때 '개만도 못하다'라는 말이 적용되지 않을까요?
우리가 아이를 낳고 부모가 되어 아이가 이 세상을
잘 살아갈 수 있도록 아이의 인생을 끝까지 책임지는
것처럼 동물도 마찬가지입니다.
끝까지 책임지지 못할 거면 시작도 하지 말아야 하겠죠.

내가 시작한 일, 결과가 따르는 일이라면
무거운 책임감을 안고 한번 더 신중하게
생각해야 할 것입니다.

모든 일에는 책임이 따릅니다.

내가 감당할 수 있는 만큼

자기가 필요할 땐 모든 것을 다 내어줄 것처럼
친절하고 부드럽던 사람이 원하는 것을 얻은 후부터
언제 그랬냐는 듯 차가운 바람이 쌩쌩 붑니다.
그 바람은 내가 원치 않아도 마음속으로 들어와
오랜 시간 머물며 따뜻했던 마음을 실망과 상처로
차갑게 만들어버리지요.

외로움, 슬픔, 허전함과 늘 동행해야 하는
차가운 마음을 원하는 사람은 아무도 없습니다.
그러기에 내 마음은 내가 지켜야 하는 책임이 있지요.

사람을 겉만 보고 무조건적으로 믿기보다
적당히 상대와 비슷하게 맞춰가세요.
처음부터 마음을 꼭꼭 닫고 있기보다
내가 감당할 수 있는 만큼만 마음을 열어보는 거예요.

그리고 조금씩 상대의 진실한 내면을 보도록
노력하다 보면 달면 삼키고 쓰면 뱉어버리는 사람들에게
아예 맛볼 수 있는 기회조차 줄 수 없게 되겠지요.
이미 차가워진 마음은 쉽게 열리지 않지만
그 마음을 다시 따뜻하게 녹일 수 있는 것도 사람입니다.

세상엔 차가움을 마치 선물처럼 아무렇지 않게
남기고 떠나버리는 사람도 있지만
그 무엇보다 소중한 따뜻함을 넘치도록
채워주는 사람이 더 많으니까요.

상처받은 마음을
자물쇠로 굳게 잠가두기보다 살짝 열어두세요.
곧 따뜻한 봄바람이 마음의 문으로 들어와
내 마음에 꽃향기 가득한 봄날을 만들어 줄 것입니다.

봄날이 찾아와 평안해진다면
그 누군가에게 또 봄날의 행복을 선물할 수 있겠지요.
그렇게 따뜻함은 내게, 사랑하는 사람들에게,
여기저기 바이러스처럼 퍼지지 않을까요?

메마르고 차가운 마음에 한줄기 빛과 같은,
오직 사람만이 변화시킬 수 있는…
"봄날의 바이러스"

당신이 걷는 길

당신이 걷는 이 길이
앞이 보이지 않는 캄캄하고 두려운 길이라 해도,
의심스러워 수십 번 뒤를 돌아보게 되는 길이라 해도,
표현할 수 없는 고통이 따르는 길이라 해도,
사람들의 손가락질 받는 옳은 길이 아니라 해도,
다시는 돌이킬 수 없는 후회하는 길이라 해도,
외롭고, 쓸쓸하여 고독한 길이라 해도,
천 길 낭떠러지를 향해 가고 있는 길이라 해도,
뜨거운 눈물을 쏟아내게 할 길이라 해도, 괜찮아요.

당신이 걷는 그 길이 어떤 길이든 당신의 선택을 믿어요.
당신의 선택은 항상 옳아요.
당신은 최선을 다하고 있으니까요.

자신을 믿어보세요.
언젠가 그 길의 끝은 꼭 있고,
당신 곁에는 꼭 내가 있을 테니까요.

내 속의 나와 이야기하기

조용한 길을 혼자 걸어갈 때
가만히 내 이름을 불러보세요.

"00아…"
부드럽게… 조용하게…
아무 말없이 이름만…
오직 이름만 불러보세요.

여러 감정들이 밀려옵니다.
그 감정들을 천천히 느껴봅니다.

그리고 내게 이야기를 시작해보세요.
나 자신에게 해주고 싶은 이야기들을
조용히 속삭이듯 해봅니다.

누군가 내 마음을 알아주는 듯
편안해지기도 하고, 침묵이 흐르기도 하고,
기분이 좋아져서 콧노래가 나오기도 하고,
뜨거운 눈물이 흘러내리기도 합니다.

소리 내 이야기해보세요.
부드럽게… 조용하게…

몰랐던 내 안의 생각과 감정들을 알게 되면서
순수하게 나를 인정하고, 받아들이게 되지요.

그리고 나와 사랑에 빠지게 됩니다.

당신은
내게 어떤 이야기를 하고 싶은가요?

가만히 내 이름을 불러보세요.

오직 네가 답이야

네 생각 네 마음 가는 대로 해.
그게 답이야.

남에게 이끌려 떠밀려서 하면
꼭 후회가 남기 마련이지.

뒤돌아섰을 때 후회 없도록
네 생각대로 네 마음 가는 대로 해.
그게 최고의 답이야.

어떠한 결과가 너를 기다린다 해도
네 스스로 선택한 것인 만큼
담담히 받아들일 수 있는 힘이
네 안에 분명 있을 거야.

네 삶의 주인공은 바로 너니까.
네 선택이 옳고, 그게 답이야.

너를 끝까지 믿고
지혜롭게 기다려보렴.
오직 네가 답이야.

내사람

사람이 좋습니다. 무조건 좋습니다.
사람을 믿습니다. 무조건 믿습니다.
그래서 무조건 내 진심을 보여줍니다.

진심은 누구든 마음을 열게 하고
통하게 된다는 확신이 있기 때문입니다.
그러나 상대는 반대로 진심이 아닌 나의 겉모습만
유심히 보기도 하고 가끔은 나를 이용하기도 합니다.

진심은 묵살되어 바닥에 떨어지고 씁쓸한 기억을 남긴 채
차갑게 내 마음에서 떠나가지요.

진심을 보지 못하는 사람은
내 사람이 아닌, 나를 스쳐 지나가는 사람입니다.

사람들을 만나고 경험할수록
내 사람과 나를 지나가는 사람을 구분할 수 있게 됩니다.
살아가는데 꼭 필요한 하나의 과정이지요.

이 과정을 지나면 언젠가는 상대의 눈빛만 봐도
잠시 이야기만 나눠도 내 사람인지 아닌지를
구분할 수 있는 여유와 능력이 생기게 됩니다.

사람은 세상에서 가장 큰 선물이 될 수도 있지만
가장 무서운 존재가 될 수 있습니다.

겉만 멋있고 화려한 선물이 아닌 그 안에 들어있는
소중한 선물을 찾는 능력을 키워야 하지요.
그 능력을 키우기 위해 소중한 선물을 찾기 위해
내가 받을 상처가 두려워 마음을 닫기보다는
그래도 사람을 좋아합니다.
무조건 좋습니다.

사람을 믿어봅니다. 무조건 믿습니다.
진심을 보여줍니다. 무조건 보여줍니다.

내 사람이라는 선물을 찾은 그 기쁨은 사람에게 받을
상처가 두렵지 않고
아픈 상처를 치료할 만큼의 큰 행복을 주니까요.

세상에서 가장 큰 선물 '내 사람'을 찾기 위해
오늘도 한 발 더 다가갑니다.
"당신을 좋아합니다."
"당신을 믿습니다."
"내 진심을 보여드리겠습니다."

믿음이 무너지면

믿음이 무너지면 실망과 섭섭함이 쌓여
높은 불신의 성을 만듭니다.

믿음이 무너지면 기다렸다는 듯
'오해'가 재빨리 자리를 잡습니다.

믿음이 무너지면 아무리 노력한들
절대 제자리로 돌아올 수 없습니다.

믿음이 무너지면 든든함과 행복함 대신
서운함과 미움으로 가득해집니다.

믿음이 무너지면 상대와 연관된 모든 것이
색안경을 낀 듯 예전과 다르게 보입니다.

믿음이 무너지면 머리와 마음이 하나가 되지 못하고
부딪혀 혼란을 만듭니다.

믿음이 무너지면 상대와의 관계도 결국 무너지게 됩니다.

무너지지 않는 믿음을
만들고 유지하는 것은 우리의 과제입니다.

당신의 사람에게 믿음의 씨앗을 뿌려주세요.
그 씨앗은 든든한 믿음의 나무가 되어
어떠한 유혹과 시련의 바람에도 흔들리지 않고
끝까지 곁에 있어 줄 것입니다.

작은 바람에도 휘청휘청 쉽게 흔들리는 나무는
결국 쓰러지고 맙니다.
그땐 쓰러진 나무에 미련을 두지 말고 떠나버리세요.

내 믿음의 씨앗이 온전하다면
내 주변엔 더 튼튼한 믿음의 나무가 많을 테니까요.

이 세상 모든 관계는 믿음으로부터 시작합니다.

이제 나의 믿음의 숲을 꿈꾸며
작은 믿음의 씨앗을 심으세요.

나부터 사랑하세요

사랑하기에 인내합니다.
사랑하기에 배려합니다.

단,
사랑이라는 이유로
내가 상처받아 병들만큼
참지는 마세요.

내가 있어야 사랑도 존재하는 법.

뭐든지 내가 할 수 있는 만큼만…
그만큼만 견디고 참아보는 것을
기본 원칙으로 만들어 놓는 거에요.

그렇게 나부터 사랑하는 겁니다.

내가 한심하고 싫어질 땐

우리네 인생은
하나의 빛나는 초와 같습니다.

어둠을 밝히는 것은 물론
좋은 향으로 기분을 전환하고
마음을 안정시켜주기도 하며
예쁜 모양과 색으로 눈을 즐겁게하는
각양각색의 초.

하나의 초는 그 심지가 다 타면
언젠가는 꺼지기 마련이지요.

때로는 그 심지가 약하여 더 이상 빛을 내지 못하기도 하고
거센 바람을 견디지 못해 중간에 꺼져버리기도 합니다.

언제 꺼질지 모르는 하나의 초와 같은 우리 인생.

하지만 분명한 건 모두 이 세상에 꼭 필요한
소중한 빛을 내는 존재,
특별하고 가치 있는 존재라는 것입니다.

촛불이 켜져 있는 동안

더 밝은 빛을 발하고
더 아름다운 향기를 널리 전하고
더 신비로운 색과 모양으로 기쁨을 주고
그렇게 누군가에게 의미 있는 하나의 빛이 되어주고…

촛불이 켜져 있는 동안
내게 시간과 기회가 있는 동안
소중한 빛이 하나, 둘 모여 더 큰 빛을 만든다면
이 세상은 더 밝아지고 우리는 더없이 행복하고
가치 있는 인생이 되겠지요.

어느 날 내가 갑자기 한심하고 싫어질 땐
'나는 소중한 한줄기 빛과 같은 존재'
라는 것을 기억하세요

다시 채워지겠지만

'이 사람은 내 사람이다.' 라고
자신 있게 말할 수 있는 사람.

그런 사람과 사람 사이에
어느 날 서로에게 아주 작은 틈이 생깁니다.
그 틈은 찾을 수 없을 만큼 작지만
오해와 의심들은 소리 없이 작은 틈 사이로 들어와
잔잔한 마음을 부추겨 술렁이게 만들지요.

생각은 또 다른 생각을 만들고 또 만들어
보이지 않던 그 작은 틈은 점점 더 커지고
결국은 마음속의 큰 파도를 깨워
소중했던 사람을 마음 밖으로 밀어내고 맙니다.

나를 이렇게 만든 상대가 야속하고
믿음을 주지 못 했던 자신을 탓하면서
꽉 차있던 가슴이 뻥 뚫린 채로
순간순간 생각날 때마다 다른 생각들로
대체하고 외면하면서 쓰라린 마음을 위로하고 살아갑니다.

그렇게 하루, 이틀…
지내다 보면 허전한 가슴이

그 무엇으로든 다시 채워질 수 있겠지.
쓰라린 마음이 그 무엇으로든 다시 치료가 되겠지.
외면했던 마음이 그 무엇으로든 다시 당당히 대할 수 있겠지.

하지만 얼마만큼의 시간이 걸릴지
내 마음인데도 예측할 수 없으니
시간이 지나가길 기다려야합니다.

상대에 대한 사랑의 깊이와 믿었던 시간만큼
마음에서 내려놓는 시간도 필요하겠지요.

그때를 알 수 없지만 분명한 건
언젠가는 꼭 그런 날이 온다는 것.

그런 날…
오늘도 기다려봅니다.

이별의 자각몽

누구나 이별을 합니다.

단지 누구와, 언제, 어떻게 이별을 하는지가 다를 뿐.
어느 누구나 이별을 합니다.

언제부터인가 저는 스스로 꿈을 꾸고 있다는
사실을 자각하며 꿈을 꾸는 '자각몽'을 꾸곤 합니다.

그래서 무섭거나 위험한 꿈을 꿀 때는 꿈속의 그 상황을
벗어나기 위해 일부러 눈을 떠 꿈을 깨버리곤 했지요.

며칠째 악몽을 연이어 꾸던 어느 날.

외면하고 싶은 상황에서 일부러 깨버리는 나 자신이
참 약하고 비겁(?)하다는 생각이 들어 깨지 않고
끝까지 꿈을 꿔본 적도 있었습니다.

사랑하는 사람이 이 세상을 떠나던
그날도 그랬습니다.
언제든 내 마음대로 꿈을 깨버린 것처럼
지금 꿈을 꾸고 있다고 믿고 싶은 생각에
'이건 아니야. 꿈인 거야.'

바보같이 꿈에서 깨어나려 한참 애를 썼지요.

그러다 밖으로 나와 밤하늘의 달을 보며
꿈이 아닌 현실이라는 것을 알고
하늘이 무너져내린 듯이 하염없이
울어버렸던 기억이 납니다.

이별을 준비하고 이별을 받아들이고
이별의 흔적들을 보며 살아야 할 우리.
이별의 감정을 어떤 말로, 글로 표현할 수 있을까요?
이별은 그 무엇으로도 표현할 수 없고
위로받을 수도 없는 것입니다.

이 아픈 이별을 어떻게 견디고 이겨내야 할까요?
그 방법은 이별이 찾아와도 큰 후회가 없도록
곁에 있을 때 최선을 다하는 방법뿐이겠죠.

이별 후에 밀려오는 후회들은
내게 깊은 슬픔이 되어 평생 가슴 한구석에
자리 잡을 테니까요.

사랑하는 그 누군가가 내 곁을 떠난다면…

좀 더 잘해줄걸…
좀 더 사랑할걸…
좀 더 표현할걸…
좀 더 연락할걸…
좀 더 기도해줄걸…
좀 더 생각하고 위해줄걸…
이런 후회가 밀려오지 않도록
언제 내게 찾아올지 모르는 이별을 준비하세요.

매일 오늘이 마지막이라는 마음으로…

아이를 진정 사랑한다면

우리 아이에게
좋은 것만 보여주고 좋은 것만 들려주고
좋은 것만 먹게 하고 좋은 사람들만 만나게 하고
좋은 상황만 만들어주고 싶은가요?

아이가 세상을 살면서 오로지 평평하고
편한 길로만 가기를 기대하고 소망하는 것은
어른들의 큰 착각이며 실수입니다.

울퉁불퉁하고 험한 길을 가본 사람이 세상과 더불어
원만하게 살아갈 수 있다는 것을 잘 알면서도
귀한 내 아이에게는 좋은 것만 주고 싶어하지요.

진정 아이를 위한다면 무엇이든 스스로 경험하며
알아가도록 도와주어야 합니다.

직접 문제를 해결하면서 자연스럽게 자기만의 능력을 키우고
세상에서 부딪히게 되는 여러 상황을 알게되면서
다양한 감정을 느끼고 표현하게 됩니다.
이러한 경험들이 마음의 보물상자에 차곡차곡 쌓이게
된다면 더 강하고 지혜로운 아이로 성장하게 될 것입니다.

오로지 경험해야만 알 수 있고
경험해야만이 한발 더 전진할 수 있다는 것을
우리 어른들은 이미 잘 알고 있습니다.

아이를 사랑한다는 이유로 세상을 경험하고
누릴 수 있는 기회를 **빼앗아버리는**
이기적인 어른이 되어서는 안되겠지요.

'온실 속의 화초처럼 자란 아이.'
언제까지 온실에서 아이와 함께 있어줄 건가요?

'우물 안 개구리처럼 자란 아이.'
영영 세상으로 나오지 못하고 혼자 외로이 지낸다면
어떡하실 건가요?

신비롭고 다양한 세상, 무섭고도 행복한 세상,
아름답고 따뜻한 세상, 차갑고도 냉정한 세상…

아이를 진정 사랑한다면 이 세상을 직접 만나고
세상과 함께 성장하도록 도와주세요.

경험이 쌓일수록 더 빛나고 행복한 아이가 됩니다.

언제나 그 자리에

요양원에 계신 나의 외할머니.
오랜만에 갔더니 그동안 모아두셨던 과자와
사탕, 양갱을 가방에 한가득 넣어주셨다.
몇 번이고 괜찮다고 손을 저었지만 그래야 할머니 마음이
편하다는 것을 알고 있기에 결국은
가방이 닫히지 않을 만큼 채워버렸다.

하나의 과자를 꺼내어 보여주시면서
고리던지기해서 받은 과자라며
자랑하시더니 그 귀한 것을 가방에 또 챙겨주신다.
그리해야 할머니 마음이 가볍다고…

배웅하시던 할머니가 눈시울이 붉어지면서도
억지로 눈물을 참는 게 느껴지고
그 모습에 나도 최선을 다해 참아본다.

인사 후 돌아서서 나오는 길, 참았던 눈물이 얼굴을 적시고
많은 사람들 속에서 소리 없이 한참 울음을 쏟아내었다.
운전하면서도 눈물은 하염없이 흘러내리고
집에 와서 과자 보며 또 흐느끼고
할머니가 수첩에 썼던
나의 옛 전화번호를 보며 혼자 크게 울어버렸다.

이렇게 시간이 흘러가는 게 두렵다.

언제나 그 자리에 계시기를
마치 아이처럼 어리석게 간절히 소망하지만
이젠 더 이상 아프지 않고
그분 곁으로 편안히 가시길 기도해야 하는…
이 현실을 받아들여야 함이 두렵다.

할머니, 나의 할머니…
언제나 그 자리에 계시기를.

감정과 습관의 파도타기

chapter 3

너는 가끔씩 나를 찾아와

너는 가끔씩 나를 찾아와 낯설음과 피곤함을 안겨주며
자기와 함께하자고 한다.

너는 시계 초침소리, 심장소리, 창문 밖으로 들려오는
아주 작은 소리까지도 함께 듣자고 한다.

너는 깊이 숨겨두었던 생각과 감정들을
꺼내며 함께 나누자고 한다.

그렇게 너는 내가 원치 않아도 함께하길 끝까지 기다린다.

나는 그런 널 밀어내고 무시해보지만
너의 고집을 꺾는 것은 시간 낭비일 뿐…
결국은 너를 받아들인다.

너와 함께 몸이 아닌, 머리와 마음에 집중한다.

너와 함께 새벽을 깨우는 자가 되는
영광과 자유를 누리며 여유를 즐겨본다.

너와 함께 몸은 무거울지라도 정신력으로 이겨낼 수 있는
나를 긍정의 힘으로 믿어본다.

그렇게 나는
너를 받아들이고 너와 하나가 되어본다.

너를 알게된 나는
아주 가끔은 네가 날 찾아와주길 바라보기도 한다.

기다려주세요

얼룩진 먼지 가득한 자동차,
텅 빈 냉장고와 물기 없는 싱크대,
알 수 없는 물건들이 자리잡은 책상,
정신없는 컴퓨터, 노트북의 바탕화면,
여기 저기 책장을 탈출한 책들…
이 모든 것은 무기력함, 답답함을 나타내는 증거물.

그 속에서 움직이지 않는 나를 느끼고 있지만
기다려주세요.

강제적, 의무적으로 나를 독촉하며 조바심 내기보다
기다려주세요.

그 기다림이 길어지지 않길 바라며 나를 믿으며,
위로하며, 격려하며 기다려주세요.

자신과의 싸움에서 곧 승리할 나를 기다려주세요.

믿음의 기다림이 있다면
나는 꼭 제자리로 돌아옵니다.

기다려주세요.

감정의 파도타기

감정에 휘둘리지 말고 냉정하라.
감정을 숨기지 말고 솔직하라.
감정을 두려워하지 말고 즐겨라.
감정에 눌리지 말고 당당히 맞서라.
감정을 흘려보내지 말고 충실하라.
감정의 노예가 되지 말고 정복자가 되어라.
감정에 당황하지 말고 침착하라.
감정에 집착하지 말고 집중하라.
감정에 끌려다니지 말고 주도하라.
감정을 이해하고 표현하라.
감정을 외면하지 말고 마주 하라.

감정은 내 안에 있는 것, 내 것이다.

내가 감정의 주인이니
다스리는 자가 되어
감정의 파도타기를 즐겨라.

신비로운 눈

우리에겐 상황에 맞게 변하는
다양하고 신비로운 눈이 있습니다.

옳고 그름을 가릴 수 있는 현명한 눈.
객관적으로 판단할 수 있는 냉정한 눈.
겉모습이 아닌 내면을 볼 수 있는 맑은 눈.
진한 감동을 느낄 수 있는 따뜻한 눈…

우리는 거의 모든 것을
눈으로 먼저 느끼고 판단하게 되지요.

눈으로 확인한 후 생각하고 행동으로
옮기게 되니 가장 먼저 느끼고 판단하는
눈의 역할은 무엇보다 중요합니다.

남들보다 시력이 좋은 축복받은 눈을 가지고 계신가요?

그러나 바르게 보지 못하고 중요한 것을
그냥 지나쳐버리는
'눈 뜬 장님'은 아닌가요?

생각과 행동이 먼저 앞서기보다 현재의 상황을

올바르게 파악하는 지혜로운 눈을 가져야 합니다.

상황에 맞는 다양하고 신비로운 눈이
우리에게 있듯이 지혜로운 눈을
만들 수 있는 능력도 우리에게 주셨습니다.

그 능력을 찾아 이제 '눈 뜬 장님'이 아닌
반짝이는 지혜의 눈을 가진 사람이 되어보세요.

당신의 반짝이는 그 눈을 기대해봅니다.

물 속에 가라앉은 답

가끔 세상을 유연하고 지혜롭게 살기 위한 답이
'수학 문제처럼 딱 맞아떨어지는 답이라면 얼마나 좋을까?'
라는 생각해봅니다.

안타깝게도 누군가가 정해놓은 답은 없지요.

누구나 정답을 모른 채 스스로 답을 찾아가며
나만의 답을 만들어가고 있으니까요.

세상을 살아가며 여러 환경에 적응하고
다양한 사람을 만나며 울고, 웃고…
울고, 웃고…

그렇게 묵묵히 반복하다 보면 조금씩
물속에 가라앉은 답이 보입니다.

그러니 조바심 내거나 아파할 필요는 없어요.
누구나 거쳐가는 과정이고 그 과정을 통해 스스로 알아낸
나만의 답을 찾게 되는 거지요.

때론 혼자가 힘들어 누군가의 조언에 귀 기울이기도 합니다.

그러나 어떤 사람이든 완벽하지 않아
가끔 조언이 틀리는 오류가 있으니
그 이야기에 흔들리기보다
자기만의 주관으로 잘 분별하고 판단해서
마음에 새길 줄 알아야 하지요.

조언은 '말로 거들거나 깨우쳐주어서 도움'이라는 뜻입니다.
정답이 아니니 참고만 해야 하는 것이지요.

세상과 사람에 대한 믿음보다 어떤 바람에도 쉽게
흔들리지 않는 자신의 믿음이 우선이 되어야 합니다.
내가 나를 믿고 인정해주지 않으면 나를 진정으로 믿어줄
사람은 아무도 없어요. 자신을 끝까지 믿어야 합니다.

내 맘과 같지 않은 사람들,
내 뜻대로 되지 않는 세상에 지쳐 답을 찾고 계신가요?
답이 보이지 않아 물을 계속 휘젓고 계신가요?
힘들어하지 마세요.
조바심 내지 마세요.
그럴수록 물은 더 탁해집니다.

이 세상에 저절로 쉽게 얻어지는 건 없잖아요.

힘든 과정을 견딘 만큼 얻게 되는 답은 더욱 분명하고
확실할 것이니 조금만 더 나를 믿어보세요.

혹 이미 답을 찾았음에도 욕심이 눈앞을 가려
지나치고 있는 건 아닌지요?

그 누구도 대신 찾아줄 수 없는
당신만의 답을 기대하며 더 천천히 찾아보세요.

"답은 꼭 있습니다."

오해하지 마세요

섣부른 판단으로 오해하지 마세요.
사람에 대한 판단을 내리는 건
쉬운 일이 아닙니다.
감정적인 판단은 실수를 만들기 마련이지요.

남에게 들은 이야기로 오해하지 마세요.
말을 있는 그대로 전달할 만큼
사람의 기억력은 완벽하지 않습니다.
말은 전달되면서 전하는 사람의 생각과 감정이
추가되어 또 다른 말이 만들어지기 쉽지요.

겉만 보고 오해하지 마세요.
무엇이든 직접 느껴보고 경험해야만
자세히 그 깊이를 알 수 있습니다.
자신이 만든 선입견은 상대의 내면을 보는데
큰 장애물이 되지요.

혼자만의 생각으로 오해하지 마세요.
생각은 하면 할수록 꼬리에 꼬리를 물어
더 많은 생각을 만들어냅니다.
생각과 오해는 비례하지요.
혼자만의 생각이 많아질수록

오해의 늪에 빠지게 됩니다.

오해의 원인은 믿음입니다.
서로 간의 믿음이 든든히 자리 잡고 있다면
어떤 오해가 생긴다 한들 쉽게 문제를 해결할 수
있지만 믿음이 바탕이 되지 못한 사이라면
감정의 골이 깊어져 서로에게 상처를 남기지요.

그러나 사람이 시련을 통해 더 연단하고 성장하듯
우리의 관계도 오해를 통해 더 굳건한 믿음을
만들기도 합니다.

그러기 위해선 한걸음 뒤로 물러나 상대를 이해해보고
그 사람의 특성과 성격에 맞게 생각해봐야겠지요.
나는 잠시 접어두고 마음에 그 사람을 넣어보는 거지요.
그리고 마음을 열어 대화해보는 겁니다.

이 세상에서 내가 만난 사람들은
악연이든, 인연이든, 필연이든
바닷가 모래알처럼 수많은 사람중에
나와 만난 특별하고 소중한 사람입니다.
오해라는 보이지 않는 마음의 벽을 만들어

거리가 멀어져 인연의 끈을 놓는 일이 없도록
인연을 지켜나가기 위한 노력을 해야겠지요.

지금 누군가에게 오해를 받고 있나요?
지금 누군가를 오해하고 있나요?

오해라는 태풍이 몰아쳐도 끄떡없고 절대
무너지지 않는 믿음의 성을 쌓아보세요.

진심이라는 벽돌을 하나씩 올려
천천히 만들어보는 겁니다.

그러면 어떤 오해가 찾아와도 웃으며 맞이할 수 있겠지요.

"어서 와! 네 덕분에 인연이 더 단단해지겠구나."

눈물은 언제나 내곁에

눈물은 마음을 약하게 만들고 자존감을 상실하게 만드는
원인이라고 느꼈기에 전 쉽게 울지 않는 사람이었습니다.
그동안 슬픈 감정을 철저히 외면하며 살아왔지요.

제가 그리하게 된 원인은
남들이 쉽게 경험할 수 없는 가슴 아픈 일을 겪으며
평생 흘려야 할 눈물을 다 흘렸다고 생각했기 때문입니다.

눈물이 나기 시작하면 그때의 감정이 올라오게 되고
그 감정을 스스로 주체할 수 없다는 걸 알기에
슬픈 감정을 차단해 버리는 방법을 선택했지요.

사람들은 그런 저를 보며 "강하다.", "대견하다."
라고 이야기했습니다.
저 역시 잘 참고 있는 제가 신기했죠.

하지만 그렇게 꾹꾹 참고 있던 눈물이 어느 날
갑자기 터져버려 나를 당황스럽게, 약하게 만들었습니다.

터져버린 눈물을 제 힘으로 절제할 수 없었고
결국 포기한 채 지칠 때까지 목놓아 울어버렸습니다.
그제야 눈물은 언제나 내 곁에 있었고

내 마음은 계속 울고 있었다는 것을
고집 끝에 알았습니다.

눈물로 모든 것을 다 쏟아낸 것처럼
나를 무겁게 누르고 있던 것이 물거품처럼
사라진 것 같은 편안함을 느낄 수 있었습니다.

제 속에 있는 슬픈 감정이 눈물을 통해 밖으로
발산된 느낌이었습니다.

잊지 마세요.
당신이 외면했던 눈물은 언제나 당신 곁에 있습니다.

눈물을 외면하지 마세요.
버거울 땐 고집을 버리고 한걸음 뒤로 물러나
눈물로 마음을 비워보세요.

친절도 과하면 병이다?

며칠 전 집에 도착해 엘리베이터를 기다리는데
문이 열리자 어떤 50대 아주머니 한 분이 내리시면서
제게 말을 걸으셨습니다.
"지금 관리사무소 앞에서 축협 홍보로
계란 한판씩 나눠준대요…"

사실 냉장고에 계란이 있는 상태였고
난 무척 피곤했던 터라 별 관심이 없었습니다.
순간 지혜롭게 거절해야 하는데 아주머니 표정이
너무 진지하셨고 이미 난 그 손에 이끌려 가고 있더군요.
아파트 두 개 동을 지나야 하는 조금 먼 관리사무소,
그 사무소 앞에 도착했는데 어쩐 일인지
아무런 흔적조차 없이 정적만이 흘렀습니다.
아주머니는 이상하다며 민망하신지 관리사무소에
문의를 하려고 하시는 게 아니겠어요.

이때 전 기다려야 하는지 또 고민에 빠져있었습니다.
아주머니께 이끌림을 당했는데
이젠 그대로 멈춰라를 해야 하는 상황.
아무래도 이건 아니라는 생각에 결국 먼저 가겠다는
인사를 하고 집으로 향했죠.

아주머니는 잘못 들은 정보 때문에 내게 미안함을
가지셨겠지만 난 오히려 '내가 먼저 가서 민망하셨겠지…'
하며 아주머니 걱정을 했습니다.

가끔 이런 일들로 바보같이 고민에 빠질 때가 종종 있지요.

나보다 남을 더 배려한다는 것.

저는 그렇습니다.

남에게 친절과 관심, 배려를 느꼈다면 받은 그 이상
그에 대한 몇 배로 돌려주어야만 편합니다.

남들은
"너무 과하다."
"친절과 배려도 병이다."라고 내게 이야기하지요.
그래서 가끔 오해도 사고 스스로 힘들때도 있습니다.

저는 그렇습니다.
저는 원래 그런 사람입니다.
내게 주는 관심과 사랑, 배려를 감사히 생각하고
더 많이 표현해야만 두 다리 뻗고 편히 잠들 수 있습니다.

저는 그렇게 보고 배웠고, 그 기쁨도 맛보았지요.
내가 주는 친절과 배려는 결국 남을 위한 것이 아닌
나 자신을 위한 것이기 때문입니다.

지금도 그 멋쩍어하시던 아주머니 생각에
살며시 미소가 지어집니다.

우리의 삶은 선택의 연속입니다

어떠한 선택을 하는지에 따라 성공 또는 실패가 결정되기에
누구에게나 선택은 어렵지요.

그렇다고 실패가 두려워 선택을
망설이거나 회피하지는 마세요.

실패는 나를 잠시 캄캄한 골짜기로 데려가지만
골짜기를 지나고 나면 지혜라는 선물이
기다리고 있으니까요.

비록 지혜가 바로 눈에 보이지 않아 답답할 수 있지만
지혜는 우리 곁에 있다가 언젠가는 꼭 큰 빛을 발합니다.

오직 경험을 통해서만 얻을 수 있는 값진 지혜를 찾기 위해
실패를 두려워하지 말고 선택하세요.

어떤 선택도 하지 않고 늘 제자리에 안주하는 사람보다
차라리 실패하는 사람이 더 아름답습니다.
실패는 성공을 향한 지름길이며 또 하나의 희망입니다.

망설이지 말고 무엇이든 선택하세요.

이제 마침표를

아닌 것을 부여잡고 보이지 않는 한 가닥의 희망을
바라는 것은 시간 낭비다.

더 큰 후회가 널 찾아오지 못하도록.
더 많은 눈물이 너의 얼굴을 젖게 하지 못하도록.
더 아픈 상처가 너의 가슴 깊이 남지 않도록.
더 큰 실망이 너를 깊은 우물 속에 빠지게 하지 않도록.
더 많은 인내가 너의 마음을 병들게 하지 않도록.

더 늦기 전에 오직 나 자신만 생각하고
아닌 것은 이제 마침표를 찍어라.

이 모든 것이
언젠가는 추억이 될 것이다.

모든 것은
시간이 해결해줄 것이다.

시간의 힘을 믿는 여유를 가져라.

한마디의 말

한마디의 말이
살인적인 무기가 되어 한 사람의 인생을 망치기도 하고
한마디의 말이 굳게 닫힌 마음을 여는 열쇠가 되기도 하며
한마디의 말이 평생 후회하는 삶을 살게 하고
한마디의 말이 초라하고 보잘것없는 사람을 빛나게 만들며
한마디의 말이 이 세상 무엇보다도 값진 열매를 만들어주고
한마디의 말이 자신을 바닥으로 추락하게도 한다.

말은 우리가 상상하는 것 그 이상의 힘을 가지고 있다는
것을 알지만 그 중요성을 항상 인지하지는 못 합니다.

레크리에이션 게임 중에 귓속말로 옆 사람에게
말을 전달하는 게임이 있습니다.
처음 전달하는 말과 마지막에 전달되는
말의 결과가 다름을 보고 재미있게 웃었던 기억이 납니다.

이 모습은 우리의 일상생활과 연관되어 있습니다.
내가 다른 사람에게 말을 전달할 때 그 말이 전달되면서
와전된다며 이 얼마나 무섭고 황당한 일일까요?
당연히 오해는 생길 수밖에 없겠지요.

우리가 쉽게 하는 실수 중 하나.

"이거 비밀이야. 아무한테 말하면 안 돼! 알았지?"
이런 다짐을 받고 속 시원히 이야기해버립니다.
차라리 '임금님 귀는 당나귀 귀!' 방법을 택하는 것이
더 현명할 텐데 말이죠.

이 세상에 비밀은 없고 영원한 것도 없습니다.
말의 힘은 절대 예측할 수 없기에
내가 무심코 내뱉는 말을 한 번 더 생각해봐야 합니다.

나의 입술에서 나오는 모든 말은 바로 나 자신을
나타내는 것, 나의 얼굴임을 잊지 말아야 합니다.

자신의 얼굴에 침을 뱉고 싶은 사람,
자신의 얼굴에 먹칠을 하고 싶은 사람은
아무도 없으니까요.

겸손으로 누르기

사람은 주변 환경에 따라 변합니다.
하지만 나만의 신념, 주관이 마음속 깊이 자리 잡고 있는
사람이라면 이 세상 모든 것을 다 가졌다 해도
교만함이 아닌 겸손함으로 채워질 것입니다.

돈과 명예, 권력이 있다고 거만해지는 사람이 있는가 하면
더 겸손하고 낮은 자세를 유지하는 사람이 있습니다.

지식으로 교만한 사람이 있는가 하면 자신의 지식을
세상에 남기고, 함께 나누려는 사람이 있습니다.

든든한 후원자를 믿고 자만하는 자가 있는가 하면
감사함으로 더 나은 모습을 위해 노력하는 사람이 있습니다.

과거와 현재를 비교하여 나 자신이 더 나은 모습으로
변화되었다면 교만과 겸손 중 어느 것이 마음에
자리 잡고 있는지 생각해보세요.

자신감은 높아지되 자신감 사이에 조용히 자리 잡으려는
교만을 겸손으로 꾹! 눌러버려야 합니다.

벼는 익을수록 고개를 숙입니다.

박효정

척하고 척하며 척하는 인생

잘난 척, 착한 척, 친한 척, 힘든 척, 불쌍한 척,
씩씩한 척, 행복한 척, 똑똑한 척,
우리는 이렇게 척하며 살아갑니다.

'척하며 사는 건 진실하지 못하다.', '가식적이다'
이런 생각을 가지고 있었습니다.

그래서 어쩌다 나도 모르게 척하고 있는
나를 발견할 땐 핀잔을 주며 다시 다짐하곤 했지요.

척하며 사는 건 이러한 단점만 있는 걸까요?

척하며 지혜롭게 대처해야 할 때가 있고,
척하며 나 자신을 존중해줘야 할 때도 있고,
척하며 공동체 생활에서 외톨이가 되지 않도록
노력해야 할 때가 있고,
척하며 상황에 따라 감정을 숨겨야 하고,
척하며 긍정의 힘을 만들어야 하고,
척하며 나보다 상대를 배려해야 하고…

세상에서 원만하게 어울려 살아가려면
내가 원하지 않아도 척하며 살아야 할 때가 많습니다.

척하며 사는 건 세상을 살아가는데
꼭 필요한 하나의 방법, 자기관리이기도 하지요.

경험을 쌓기 위해, 나를 시험해보기 위해
일 년 조금 넘게 상담원 일을 한 적이 있었지요.

상담원들은 항상 고객과의 친절하고 만족스러운
상담을 위해 수많은 교육과 연습기간을 거쳐야 합니다.
자신의 상담내용을 녹음하여 피드백하고
고객의 돌발질문에도 잘 대처할 수 있도록
철저하게 교육받습니다.
수습기간이 끝난 후에도 내 상담은 물론 다른 상담원의
상담내용을 들으며 문제점을 파악하고 대처능력을
배우는 주기적인 교육을 받아야 하지요.

그리고 매달 마지막 주에는 수많은 상담원들의
고객 응대 점수로 등수 매기고 벽에 게시하여
서로 경쟁을 하기도 합니다.
전 마치 학교에 다시 온 기분이었지요.

한 번은 감기몸살에 걸려 너무 아픈 상태에서
상담을 해야 했습니다.

머릿속에는 항상 '친절'이라는 단어가 있기에
아픈 가운데서도 최선을 다해 상담을 했습니다.
그러다 우연히 책상에 있는 거울에 비친
내 모습을 보았지요.
신기하게도 몸은 아픈데 웃고 있더군요.
그때 찡그린 얼굴로는 절대 밝은 목소리가
나오지 않는다는 것을 알게 되었습니다.
맡은 일에 최선을 다하기 위해 척하는 방법을 사용하며
참 열심히도 일했던 기억이 납니다.

그런데 전 좀 과해서 자다가도 툭 치면
"고객님! 기다려주셔서 감사합니다." 하는 말이 나오고
택시를 타고 내리면서도
"감사합니다!"에 이어 "상담원 박효정입니다."라는 말이
나도 모르게 튀어나와 당황스럽기도 했습니다.

필요 이상으로 과하게 척하는 방법을
사용하게 되면 역효과를 불러오기도 하죠.

과하게 척할수록 내 모습은 사라지고스스로 더 괴롭다는 것
초라해진다는 것을 느끼게 됩니다.
그런 느낌이 온다면 그땐 무조건 멈추고

자신의 모습을 한번 더 돌아보세요.

그리고 함께 소통하고 나눌 수 있는 진정한 내 사람에게
현재 내 모습을 그대로 보여주면서 나를 느끼고 인정하며
다시 충전해보는 거예요.
그 후엔 좀 더 지혜롭게 척하는 방법을
사용할 수 있을 겁니다.

어떻게 척하는 방법을 사용하느냐에 따라
세상과 잘 어울려 행복한 삶을 만들어가기도 하고,
다른 사람의 눈치만 보는 삶을 살기도 하고,
사람들과 어울리지 못하고 혼자만의 삶을 살기도 하지요.

척하고 척하며 척하는 인생.

어떤 척하는 방법을 사용하든
모든 선택은 우리에게 있다는 것,
내 삶은 나의 선택에 따라 만들어집니다.

과한 사명감과 오래된 습관

"혹시 선생님 아니신가요?"
처음 보시는 분이 내게 묻습니다.
제 얼굴에 '선생님'하고 쓰여 있다고 하네요.

옷과 머리는 단정히, 액세서리는 작은 것으로,
손톱은 짧게, 밝은 미소, 표정 유지, 바르게, 친절하게…

10년 넘게 교사생활을 하며
몸에 배어버린 습관을 무시할 수 있을까요?

이젠 이 모든 것이 자연스럽고, 당연하다고 느껴집니다.

얼마 전 남동생이 여자친구와 헤어지고 곧 다른 여자를
만나야겠다는 소리에 "그럼 그 여자는 어떡해…"하며
심각하게 잔소리를 늘어놓았습니다.

동생은 농담으로 한 소리였는데 혼자서 서론, 본론,
결론까지 이야기해버렸고 동생은 누나에겐 정말
아무 소리도 못하겠다며 고개를 절레절레 흔들더군요.

또 차를 타고 이동하는 중 친구가 작은 비닐을
창문 밖에 버리는 것을 보고 화들짝 놀라며

"비닐이 썩으려면 얼마나 많은 시간이 걸리는데…"
하며 이야기를 시작했지요.
물론 다그치거나 심하게 이야기한 건 아니었지만
친구는 넌 못 말린다며 웃으며 툴툴거렸습니다.

물론 이런 잔소리는 아무에게나 하는 건 아닙니다.
오직 가까운 사람에게만
자연스럽게 이런 현상이 나타나지요.

어찌 보면 과한 사명감인 것 같습니다.
이 과한 사명감의 역효과는
바로 나 자신도 적용된다는 것입니다.

항상 바르고, 모범이 되어야 하고, 잘해야 한다고…
내게 무의식적으로 주문을 걸고 있지요.

오래된 습관의 문제성은 누군가 알려주기 전에
쉽게 인식하기 어렵다는 것.
그리고 수정하는 것은 더더욱 힘들지요.

그래서 가까운 주변 사람들에게
"나의 고쳐야 할 점은 뭐야?

객관적으로, 솔직하게 얘기해줘."
라고 묻는 버릇이 있습니다.

질문의 대답에 때론 살짝 놀라기도 하고
의심도 하지만 쓴소리를 하는 사람이
진정 나를 사랑하는,
내게 필요한 사람임을 알고 있습니다.

가까이에 쓴소리, 바른 소리를 해줄 수 있는
내 사람을 만들고 자신을 돌아보며 체크해야만
습관의 역효과를 예방할 수 있습니다.

습관은 그것을 만드는데 걸린 시간만큼
우리 곁에 머뭅니다.

홀로서지 못한 이의 보풀같은 감정

기분이 가라앉고, 우울합니다.
감정조절이 어려워 "욱!"하며 화를 내기도 하고
슬픈 노래만 들어도 눈물이 주르륵 흘러내립니다.
기분을 전환하기 위해
사람들과 이야기를 나누며 잠시 잊어봅니다.
맛있는 음식과 술로 기분 좋은 시간을 보냅니다.
어떤 날은 아무 생각 없이 잠을 잡니다.
음악을 들으며, 영화를 보며, 목욕을 하며,
운동을 하며, 내가 좋아하는 것을 하며…
어떻게든 벗어나려 노력합니다.
그래도…
그 낯선 감정은 보풀처럼 남아있습니다.
저의 방법이 틀린 것 같습니다…

어떤 분의 이 말씀에
살짝 저의 이야기를 하며 공감해주었습니다.
"저만 그런 게 아니었군요. 누구나 그럴 수 있네요."
하며 안심하는 표정으로 이야기하더군요.

누구나 살면서 가슴 깊이 묻어둔 상처와
풀지 못한 숙제가 있기 마련이지요.

단지 내 방식대로 허전한 마음을 채워가기 위해
애써 태연하게 노력하는 것뿐입니다.

누군가 내 곁에 함께한다 해도
내 문제를 모두 해결해 줄 수는 없습니다.
오직 나 자신이 그 상황을 이겨내며
세상에서 살아가는데 필요한 면역성을 키워야 합니다.

우리는 앞으로 더 많은 사람을 만나고,
지금보다 힘든 상황들을 경험하게 될 수도 있습니다.

지금부터 홀로서기에 적응하세요.
더 강해지세요.

외로움은
홀로서지 못한 사람에게 찾아오는 감정입니다.

공감 습관

"나 너무 힘들어."
친구의 말에 뭐라고 이야기하시나요?

"왜?", "넌 왜 매일 힘드니?"
"나도 힘들어.", "많이 힘들구나…"

'힘들다.' 는 표현은 아무에게나 할 수 없는
어려운 말 중 하나입니다.
자신이 편하게 생각하여 기대고 싶은 사람에게만
할 수 있는 유일한 것이지요.

누구보다 당신을 특별히 생각하고 속마음을 이야기하려는
친구 또는 연인, 가족에게 성의없는 말로 입을 막아버리는
실수를 조심하세요.

당신은 특별한 사람이기에 그 섭섭함과 실망은
몇 배로 커져 마음속에 깊이 자리 잡을 수 있으니까요.

항상 공감해주는 습관을 가지세요.
첫째, 둘째, 셋째도 공감, 무조건 공감입니다.

당신에게 답을 구하는 것이 아닙니다.

모든 결정은 자신이 해야 하는 것을 알기에
마음을 털어놓으며 잠시 위로를 받기 위함이지요.
물론 조언을 해준다면 참고는 할 수 있겠죠.

당신이 답을 주지 않아도
곁에서 힘을 더해주고 지켜봐 주는 것만으로도
도움이 되는 것입니다.
그러니 무조건 들어주고 공감하세요.

"나 너무 힘들어."

"그래. 힘들지?"
"힘들어 보이는구나."
"다 말해봐 내가 들어줄게."
"많이 힘들겠구나."

귀가 아닌 가슴으로 이야기를 들어주며 공감해주세요.

"무조건 공감"

책임질 수 있는 만큼 고집부리기

길에서 네 살 정도 되어 보이는 아이가 떼를 쓰며
크게 울고 있습니다.
사람들의 시선에 엄마는 당황한 얼굴이지만
아이는 원하는 것을 얻을 때까지 고집부리려는 모습이지요.

이런 상황을 누구나 한 번쯤 보거나 경험한 적이
있으실 겁니다.
고집은 하나의 인격체가 되기 위한 자연스러운
성장과정이기 때문이죠.

'고집'이라는 단어는
왠지 부정적인 느낌부터 떠오르기 쉽습니다.
많은 사람과 어울려 살아가는 이 세상에서
고집은 쉽게 받아들여지기 어려울 뿐 아니라
여러 가지 문제상황을 만들기도 하니까요.
그렇다고 고집을 접어두고 모든 것을
받아들이고 맞춰가려고만 하지 마세요.
때로는 아이처럼 꼭 고집을 부려야 하는 상황도 있습니다.

여러 번 생각해도 자신이 옳다고 느껴진다면,
죽을 때까지 두고두고 후회할 거 같다면,
나 자신에게 미안해질 것 같다면,

고집에 대한 책임을 질 수 있다면,
그땐 꼭 고집을 부리세요.

어느 누가 내게 뭐라 해도,
때로는 버거움에 주저앉고 싶어져도,
수십 번 옳은 건지 다시 한번 생각하게 되더라도,
나에 대한 확실한 믿음이 있다면
그땐 포기하지 말고 고집부리세요.

나 자신에게 고개 숙이지 않도록,
나 자신에게 평생 미안함으로 살지 않도록,
내게 지워지지 않는 상처를 남기지 않도록,
내 마지막 자존심을 잃지 않도록,
끝까지 고집스럽게 답을 찾으세요.

내 고집에 책임질 수 있다면,
그 '책임을 질 수 있는 만큼만 고집' 부리는 겁니다.

때론 자신을 믿고 책임질 수 있는
고집쟁이가 되는 것도 필요합니다.

진심없는 대화

대화할 준비가 되어있지 않은 사람과
함께한다는 건 불편하고 힘든 일입니다.

이미 상대는 두 귀를 막고 머릿속은 자기가 만든 생각들로
가득 차 그 어떠한 이야기도 들리지 않습니다.

마음을 열어 진실한 대화를 시도해도 마치 영혼 없는 돌처럼
단단하게 움직이지 않습니다.

아무리 대화해도 계속 같은 이야기가 반복되어
답답함마저 느껴집니다.

겉으로는 듣는 척, 공감하는 척, 받아들이는 척하지만
어떻게든 이 상황이 지나가기를
바라는 모습은 감출 수 없습니다.

아무리 척하는 연기를 잘한다 해도 가장 중요한 진심이
빠져있다면 어린아이라 해도 쉽게 알아버리기에
절대 상대와 통할 수 없습니다.

진심이 없는 대화는 시간 낭비입니다.
진심이 없는 대화는 상황을 더 악화시킵니다.

진심이 없는 대화는 상처를 남깁니다.
진심이 없는 대화는 의심하게 됩니다.
진심이 없는 대화는 돌아서면 후회가 남습니다.
진심이 없는 대화는 침묵하게 합니다.
진심이 없는 대화는 아무런 의미가 없습니다.
진심이 없는 대화는…

대화의 기본은 진심입니다.

진심이 없는 대화라면
차라리 하지 마세요.

실수투성이의 세상 살아가기

상대가 어떤 사람인지 어떤 생각을 하는지
어떤 인생을 살아왔는지 어떤 인격을 가지고 있는지
어떤 말을 하는 사람인지…
제대로 알지 못한 채 전체가 아닌 일부분만 보고
혼자만의 생각으로 사람을 판단하는 건 실례입니다.

생각에서 멈추지 않은 채 자신이 옳은 것처럼
밖으로 꺼내어 표현하는 것은 실수입니다.

이 세상에 누구를 평가하고 판단할 수 있는
완벽한 사람이 있을까요?

남을 판단하기 전에 먼저 그런 자격이 되는지
자신부터 되돌아보는 사람이 되어야 합니다.

이 세상에 완벽한 사람은 없으니
그 자격을 가진 사람 또한 없으니까요.

사람은 누구나 똑같은 사람일 뿐입니다.

하나님은 공평하시지요.
사람들에게 똑같이 모든 것을 나누어주셨습니다.

낱말 하나 찾기 위해 사전을 보는 것처럼
단지 그것을 찾는 시간이 필요한 것뿐이지요.

우리는 모두가 똑같이 소중한 사람입니다.

내 생각이 옳은 것 마냥
상대를 생각하고 판단하지 마세요.

그전에 먼저 자신부터 돌아보세요.

실수투성이의 세상, 실수투성이의 사람들,
실수가 많은 우리는 그래서 사람입니다.

모두가 똑같은 사람입니다.

믿고 맡깁니다

현재의 모습을 사진기사에게 믿고 맡깁니다.
아이의 교육을 교사에게 믿고 맡깁니다.
새로운 보금자리를 건축가에게 믿고 맡깁니다.
소중한 생명을
운전기사, 기관사, 선장…에게 믿고 맡깁니다.

우리는 많은 사람을 믿으며,
믿음을 얻으며 어울려 살아가고 있지요.

'믿음'
이 세상을 살아가는데 있어
가장 기본이 되어야 하는 것입니다.

어떤 위치든, 어떤 상황이든, 어떤 직업이든,
어떤 사람이든, 믿음을 지키기 위해서는 자신의 위치에서
주어진 역할에 책임감과 사명감을 갖고
최선을 다하는 것이 정답이지요.

그에 따른 결과는 나의 얼굴이며, 나의 자존심이고
나의 흔적이며, 나의 가치이기 때문입니다.

사람들에게 믿음을 저버리고

실망을 안겨주었습니까?
그건 아무것도 아닙니다.

나 자신에 대한 실망과 부끄러움은
주홍글씨처럼 가슴 깊이 낙인찍혀
영원히 남아있을 테니까요.

선택과 책임

진열장에 진열되어 있는
마음에 드는 옷을 보고 매장에 들어갔습니다.
그러나 그 옷은 몸에 딱 맞지 않고 크거나 작습니다.
옷을 포기해야 할지 수선을 해서 입어야 할지 고민을 합니다.
시간이 지나도 생각날 만큼 후회할 것 같다면
다이어트를 해서 입거나 수선을 해야 하는 번거로움과
수선비까지 감수해야 하겠지요.
하지만 그럴 가치가 없다면 미련을 버리고
다른 옷을 찾아야 합니다.

살아가다 보면 내 옷이 아닌 남의 옷을 입은 것처럼
어색하고 불편한 일, 상황, 사람들을 마주할 때가 있습니다.

안 맞는 옷을 수선하고 체중조절하여 맞춰 입는 것처럼
나에게 맞추도록 여러 방법을 사용하기도 하고
내가 배려하고 노력하면서 맞춰가거나 그럴 필요조차
느끼지 못할 경우 처음부터 포기하기도 합니다.

맞지 않는 옷을 고민 끝에 선택했다면 그 옷을 입기 위한
새로운 도전을 시작한 것과 마찬가지입니다.

어떠한 방법을 사용해서라도

그 옷을 입어야 하는 것이 맞는 것이지요.

내가 선택한 일,
내가 선택하여 인연을 맺은 사람,
내가 선택한 모든 상황이
내 맘과 같지 않고 나를 힘들게 한다고
쉽게 포기하고 놓아버리는 경우는
내 선택에 대한 책임을 다하지 못하는 것입니다.

무엇이든 스스로 선택했다면
자신에 대한 믿음과 책임감으로
할 수 있는 만큼은 최선을 다해야 합니다.

결과가 어떻든 최선을 다했다면
뒤돌아보며 후회하는 일은 없을 테니까요.

지금 옷장 한구석에 입지 못하고
오래도록 묵혀둔 옷처럼
안타까움과 후회가 남아있는
상황은 없으신가요?

'선택과 책임은 늘 함께합니다.'